2016年湖北省高等学校省级教学研究项目（2016379）：
"FEELS个体体验性大学英语教学方法论——理论与实践"

·教育与语言书系·

英语教学方法论
——基于过程哲学之经验的个体体验性

谢邦秀 | 著

光明日报出版社

图书在版编目（CIP）数据

英语教学方法论：基于过程哲学之经验的个体体验性／谢邦秀著．--北京：光明日报出版社，2021.5
ISBN 978-7-5194-6065-5

Ⅰ.①英… Ⅱ.①谢… Ⅲ.①英语—教学法—高等学校 Ⅳ.①H319.3

中国版本图书馆 CIP 数据核字（2021）第 083260 号

英语教学方法论：基于过程哲学之经验的个体体验性
YINGYU JIAOXUE FANGFALUN：JIYU GUOCHENG ZHEXUE ZHI JINGYAN DE GETI TIYAN XING

著　　者：谢邦秀	
责任编辑：史　宁	责任校对：兰兆媛
封面设计：中联华文	责任印制：曹　净

出版发行：光明日报出版社
地　　址：北京市西城区永安路 106 号，100050
电　　话：010-63169890（咨询），010-63131930（邮购）
传　　真：010-63131930
网　　址：http://book.gmw.cn
E - mail：shining@ gmw.cn
法律顾问：北京德恒律师事务所龚柳方律师
印　　刷：三河市华东印刷有限公司
装　　订：三河市华东印刷有限公司

本书如有破损、缺页、装订错误，请与本社联系调换，电话：010-63131930

开　　本：170mm×240mm
字　　数：180 千字　　　　　　印　张：14
版　　次：2021 年 5 月第 1 版　　印　次：2021 年 5 月第 1 次印刷
书　　号：ISBN 978-7-5194-6065-5
定　　价：89.00 元

版权所有　　翻印必究

前　言

　　本书拟以英国哲学家阿尔弗雷德·诺思·怀特海（Alfred North Whitehead）的过程哲学思想为哲学支持，以美国后现代课程理论家威廉·多尔的后现代课程观为课程与教学理论支持，提出基于过程哲学的个体体验性英语教学方法论假设——FEELS假设，以美国后现代课程理论家威廉·派纳的教学自传研究方法为本书研究的方法论，对一系列英语课程与教学案例进行陈述与解释，从而阐明：FEELS假设是具有合理性、创新性、适用性、解释性和应用前景的。

　　教学自传研究方法以哈贝马斯的批判理论、现象学、存在主义等后现代思想为哲学支持，以弗洛伊德的精神分析学，伽达默尔、尼采、海德格尔、福柯和德里达等的相关学说为心理学支撑，是一种在个体的教学生活经验中反思自我、探寻自我和确立自我的方法，通过概念化以及概念的结构化，组织和解释教学中师生的个体经验。具体到本书的研究，即通过本书的个体体验性英语教学方法论假设FEELS（概念化）以及F-E-E-L-S（概念的结构化），释放、组织、解释和解放本书作者的个体教学经验。使用教学自传研究方法来研究和考察个体经验时，不能将经验还原为某种客观的表达，而要越过诸如"课程""教学""个体"和"人性"之类的抽象词汇，注视教学中真实的人（师生）的内部，尽可能诚实地、具体地描述人内部的体验和感受是什么；通过不断求助于话语背后的事实，求助于即时的经验，求助于对人的自我内部的关注，揭示人真正的情感和认知状况，以第一人称来表述个体经验本身，最终，这样的经验就会成为教学自传研究的主要信息资料。我写作本书的主要资源就是这样的经验。作为一个英语学习者和教师，我的兴趣在于"感通"①、观察和描述英语学习者和教师在经历和从事英语学与教的过程中的个体经验。这可能是国内第一项用教学自传研究方法来研究经验者学与教英语的个体经验的自传研究。

探索本书研究方向和确定选题经历了一个漫长而艰苦的过程。我长期从事英语教学工作，主要兴趣以及经常思考和研究的都是与英语和英语教学有关的问题，希望就这方面展开更深入的研究，找到可以指导我的研究、关照教育教学中人的个体经验和感受的理论思想。在探索的过程中，英国哲学家怀特海的过程哲学思想吸引了我，让我觉得找到了理论源头。如何将这种哲学思想结合进自己的英语教学研究之中，使之成为我构想 FEELS 假设的指导思想，成为我一直在苦思、必须找到解决办法的重大难题。

通过持续关注和参加各种有关过程哲学思想的培训及学术研讨活动，结识一批当代过程哲学家，特别是听了美国当代过程哲学家杰伊·麦克丹尼尔博士进行的以"过程哲学思想与教育"为主题的讲座和他对"参与性教育"（engaged education）的诠释，我感觉似乎在实际的教育教学情境中为过程哲学思想找到了着陆点，开始对过程哲学思想与现实中一些教育问题的相关性有了更为深刻的理解，开始了解如何能将过程哲学思想揉入英语教育教学的研究之中。在与他的一次面谈中，我描述了自己的学术成长历程，坦陈了自己的困惑和面临的难题。他听完后说："你很会讲故事，而且你的故事也很有价值！你的经历中充满了怀特海所说的浪漫、精确与综合的循环过程。你可以把你的经历写成一

---

① WHITEHEAD. Process and Reality (Corrected Edition) [M]. New York: The Free Press, 1978: 19.

本书，书名就叫《在中国教英语的生活——一位女英语教师的故事》。"① 一语点醒梦中人！我开始考虑以过程哲学思想为指导来研究我自己作为一名英语学习者和教师学与教英语的经历，并以此为基础构想 FEELS 假设，构思本书。

在本书的选题、文体和研究方法确定下来之后，为了寻找依据来证明自传性著作的学术价值，我又历经了一番艰辛：威廉·派纳、威廉·多尔夫妇和王红宇等是世界教学自传研究领域的专家和身体力行的开拓者，我有幸通过翻译相关内容间接地参与了赵鹤龄教授与他们之间的一系列对话活动，包括他与王红宇之间的面谈及电子信件交流、与多尔夫妇的面对面交流及电子信件往来、请多尔夫妇对王红宇著作的学术价值进行的信评、与派纳进行的面对面交谈等。这一切都是难得的与当事人和相关专家围绕教学自传研究进行的直接对话的第一手资料，弥足珍贵！我还得以在一次课程与教学国际研讨会上就我的选题和阶段性研究成果当面向多尔夫妇请教，并得到了他们的肯定和欣赏②。这一切使我确信我所做的事情是一次有独特价值的探险。

---

① 这段话的原文如下："You are good at telling stories, and your stories are really good! Your experience is filled with what Whitehead put as the recycling processes of the romance, precision and generalization periods. You can put your experience into a book, namely, *The Life of Teaching English in China — A Woman English Teacher's Story*."这段话也引出了我们之间更进一步的关于我在中国、在汉语语境下学与教英语的个体体验的对话和交流，且促成了我们合著的《呼唤与回应：一种生命历程——学英语、教英语》（*Calling & Responding: A Life Journey—Learning and Teaching English*）一书的成稿与出版（北京：化学工业出版社，2016）。

② 我参加了 2011 年 12 月初在杭州师范大学举行的第一届"课程教学改革与老师发展国际研讨会"。在这次研讨会上，我有机会与多尔夫妇见面谈我正在从事的教学自传研究和 FEELS 假设，请他们看了当时题为"'FEELS': A Constructive Postmodern Teaching-Learning Idea"的文章。多尔在给赵鹤龄教授的信中说："我们和邦秀共度了一段美好的时光。她的作品非常非常好，胜于好，是优秀。"（We had a wonderful time with Bangxiu. Her work is very very good; more than good, excellent.）

本书从美国电影《音乐之声》谈起，因为我从一个英语教师和教学论研究者的视角认为，这是一部以电影艺术形式表达教学论思想的优秀作品。电影中家庭女教师玛利亚和孩子们在教与学唱歌曲"Do-Re-Mi"的教育情境中所体现的那种充满生命活力和生活激情的经验与我的教师经历和我对英语教学的体会产生共鸣，成为我之所思（英语教学中的个体经验）与我之所想（赋予英语教学中的个体经验以意义）之间的一根连接线：在欣赏玛利亚和孩子们全身心地与所教和所学的内容互动、对话，并作为完整的人、身心俱在地享受这种互动关系所带来的教学成果和乐趣之时，在分析这一教学事件的成功和迷人之处的过程中，我发现，使教学成功的必要的、关键的因素包括：学生要学，教师支持，师生对教学的目标、内容、进度及方式方法有自主决策权。对"Do-Re-Mi"教学情境的欣赏与分析成为我选择本书主题并采取教学自传研究方法的一种动力，也成为我形成本书假设"FEELS"的灵感来源。

从这里出发，我看到了自己作为一个英语学习者和教师的各种个体经验的价值，能够尊重和欣赏我的学生的种种经验，能够静下心来耐心倾听并真诚回应来自学生经验的声声呼唤。这样生动的经验呼唤着我！我渴望与更多的人分享、交流这样的经验，渴望有更多的人来关注、同情、支持这样的经验。我读书、寻觅，寻觅能够助我描述和解释这种经验的哲学基础、课程理论和方法论支持。我庆幸，我找到了一种帮助我解释个体教学经验的哲学基础——怀特海的过程哲学，找到了一种帮助我解释个体教学经验的课程理论支持——多尔的后现代课程观，找到了一种可用于研究个体教学经验的方法论支持——派纳的教学自传研究方法，找到了派纳本人和王红宇运用教学自传研究方法研究其个体教育经验的教学自传研究样例。

本书重视源自分析个体教学经验的自我反思：将经验者的个体经验

作为一种理解其生活在其中的文化和历史背景的源泉。对以英语为终身教职的我来说,英语不仅仅是一种语言,更成为我生命和生活的一个部分。在此基础上,本书拟以怀特海的过程哲学为哲学支持,以多尔的后现代课程观为课程理论支持,对英语学与教中经验者的个体经验进行抽象和概念化,形成 FEELS 假设。再基于 FEELS 假设,在追求量化研究的我国英语课程与教学研究的大背景下,以派纳的教学自传研究方法①为研究方法论,以派纳和王红宇运用教学自传研究方法研究其个体教育经验的教学自传研究为研究样例,从"我"的视角出发,关注特定的(我国英语课程的)教学情境和事件中的人(师生)的个体经验,诚实地展现我国英语课程与教学的现实图景。书中描述的个体经验均是个体体验者("我"本人)亲身经历、感受、观察、思考的英语学与教中的情境和事件,具有直接性和亲历性,以彰显经验者及其个体经验的自身价值和教育意义。这可能是国内第一部尝试将怀特海的过程哲学和多尔的后现代课程观等理论思想与派纳的课程自传研究方法联系起来,阐释个体学与教英语的经验的教学自传研究论著。

作为本书的论题假设,"FEELS"有两方面的含义：一方面,它是五个英语短语的首字母缩写,分别是 Flexibility of objectives（目标的灵活性）、Engagement of learners（学习者的参与性）、Embodiment of knowledge（知识的体现性）、Liveliness of relational learning（关系性学习的活泼性）和 Supportiveness of teachers（教师的支持性）。每一个字母所代表的含义相互包含、相互渗透、相互依赖。在课堂教学环境中,

---

① PINAR W F. Autobiography, Politics and Sexuality [M]. New York: Peter Lang, 1994: 2. 派纳在原著中解释说,"*currere*"是"the infinitive form of curriculum to indicate an emphasis upon experience",意思是说,"*currere*"是一种"强调个体经验的课程",即本书中所称的个体体验性课程;"the method of *currere*"是派纳主张用以研究这种课程与教学的方法,他也称之为"课程自传研究方法"。本书中将这种方法综合地称为"教学自传研究方法"。

它们每一个都在与另一个的相互内在关联中发挥作用并帮助学习者产生新的经验和感受。另一方面，作为一个整体，"FEELS"集五个方面的合力，由多变成一，合生为一个有机的生态整体，指教学事件中教师和学生的个体"体验"，关注教师和学生的个人经验或感受及其在构建课程与教学理论中的核心价值。它与"F-E-E-L-S"中的五者构成整体与部分的生态关系。当然，整体不是部分简单相加之和，FEELS作为整体既丰富、增多了各个部分的意义，亦具有更为重要的整体内涵，是本书"个体体验性英语教学方法论"假设的核心概念。

FEELS假设认为，英语教学应该是批判性的、认识性的、构建性的，不存在绝对的、终极的普适理论，不存在不可置疑的思想原则或真理；即使是最值得珍惜的观念亦需要经过反复考虑和批评，经过回归性反思。学习应植根于个体的生活经验本身。在教学互动的过程中，学习和创造来自对话和反思。当教师与学生、学生与学生、师生作为读者与文本之间进行对话并对各种声音进行回应、反思时，当教学中的各方两两之间进行协商交流时，学习和创造就发生了。在这种协商、交流的过程中，每一个参与交流的个体都因其自身独特的个体经验而不可或缺，无论这个特定的个体是教师还是学生。这种尊重和重视教学中个体及个体体验的精神正是FEELS假设所追求的核心价值。

FEELS假设主要基于两种理论思想，即怀特海的过程哲学思想和多尔的后现代课程观。过程哲学诉诸个体经验本身，赋予经验者的每一种个体经验以哲学意义和价值。这种个体经验观为我在本书中所努力探寻的英语课程与教学中个体经验的意义和价值提供了有力的哲学支持。多尔提出了一种建设性后现代的经验的认识论，认为教育不仅仅是一种表达信息的方式，更是一种某一教学共同体中成员之间共同创造意义的活动，其中教师是这个共同体的一部分，起引导作用。教师具备学生可能欠缺的技能和智慧，但其本人也是一个合作的学习者，学生能够感受到这一点。学生不是被动的认识者或旁观者，不是被动地接受信息的容器，而是主动的、参与的、创造的另一方，在探寻其自身生活的意义。学生获取知识的过程不能与其生活中生动的个体经验相分离，不能与对意义或智慧的寻求相分离。知识只有体现在学习者活生生的体验和感受中才有意义，才能滋养其智慧。这两种理论分别从哲学和课程理论的角度关照经验者的个体经验及其自身价值，可为本书关于英语课程与教学中经验者的个体经验的研究提供系统的、不同层面的理论基础。以这些理论为依据，将英语课程与教学理解为师生个体经验的交流并概括为"FEELS"，是对英语课程与教学理论的新探索。这可能是第一部尝试将这些理论思想联系在一起并以之为依据来阐释经验者学与教英语的个体经验的论著。

任何理论假设的提出都离不开研究者的生活实际。FEELS 假设的提出直接源于我自己的现实生活——对英语课程与教学中个体经验的感受、关注与思考。由于 FEELS 源于实践，并受到上述理论的支撑，因此它既具有原创性和理论指导性，又具有解释性和现实适用性，可以帮助英语学习者和教师在学与教英语的探险旅程中体验各种感受，遭遇各种挑战与新异；可以帮助英语教师追求这样一种课程与教学：同情经验者的个体经验，关注他者和他异性，欣赏和追求教育中的人（师生）身心发展的完整性；可以帮助英语学习者、教师理解和阐释学与教英语的身心之旅的意义，从而从学与教这两个侧面来描述和阐释师生学与教的个体经验。

这正是本书各篇诸章致力于完成的研究任务：引入篇（第一章）对电影《音乐之声》中歌曲"Do-Re-Mi"教学情境的特征进行分析，从而引出强调教与学中师生个体经验的个体体验性英语教学方法论假设——FEELS。假设篇（第二章）阐述 FEELS 假设的可能性，包括其含义、理论依据、研究方法论、理论与实践意义及其创新性。案例篇

（第三、四章）使用教学自传研究方法从我（一个英语教师）所在的位置出发进行本书关于英语的学与教的自传研究。第三章以FEELS假设的精神在场与否为视角，对我国"中小学英语课程的教与学"、"大学英语课程的教与学"、"英语之于今日中国社会"和"我教佳佳学英语"等进行比较研究，揭示学校英语课程的教与学中FEELS精神不在的现状及其"无人、无情"的根源，凸显"我教佳佳学英语"这一实例中体现的FEELS精神，从而阐释基于FEELS假设，施行重人、有情的英语教学的必要性和重要性。第四章阐释了另外三个践行FEELS假设的教学案例。结论篇（第五章）对全书作结，阐明"FEELS假设"具有其合理性、适用性、创新性和未来使用前景，是可能成立的。

目录
CONTENTS

引入篇

第一章　从电影《音乐之声》谈起 ················· 3
　一、《音乐之声》的故事 ······················ 3
　二、玛利亚和孩子们教与学"Do-Re-Mi" ············ 4
　三、"Do-Re-Mi"教学情境的特征 ················ 6

假设篇

第二章　FEELS假设可能成立吗? ················· 17
　一、FEELS假设的含义 ······················· 17
　二、FEELS假设的理论基础 ···················· 27
　三、FEELS假设的理论与实践意义 ··············· 76
　四、FEELS假设的创新性 ····················· 77

案例篇

第三章　FEELS精神缺位与在场的英语教学之比较……81
　一、基础教育阶段学校英语课程的教与学……81
　二、大学英语课程的教与学……107
　三、英语之于今日中国社会……139
　四、我教佳佳学英语……143
　五、比较：凸显FEELS精神……150

第四章　践行FEELS假设之教学……157
　一、"在饮食与语言中创造文化身份：中美对话"课程的教学……158
　二、"第9届中美过程（后现代）哲学暑期高级研讨班"的课程与教学……172
　三、一堂"翻转的""刑事技术—文件检验"课的教学……179

结论篇

第五章　FEELS假设是可能成立的……187
　一、FEELS假设的合理性……187
　二、FEELS假设的创新性……189
　三、FEELS假设的适用性……190
　四、FEELS假设的应用前景……191

参考文献……197
后　　记……204

01

| 引入篇 |

10

第一章

从电影《音乐之声》谈起

看过美国电影《音乐之声》的人都会对其中的一首歌曲——"Do-Re-Mi"印象深刻。《音乐之声》在我国上演后,这首歌曲很快流行。是什么使它如此令人喜欢呢?是歌曲写得好吗?没错,歌曲的确写得好,但是应该说电影剧情编写得更好,所以打动了观众,感染了观众。而我从一个英语教师和英语学科教学论研究者角度,则认为这是以电影艺术形式表达教学论思想的优秀作品,更重要的是,作品中玛利亚和孩子们在教与学唱歌曲"Do-Re-Mi"的教育情境中所体现的那种充满生命活力和生活激情的经验与我作为英语教师的经历和我对英语教与学的体验产生共鸣,成为我构思本书主题——FEELS 假设的动力和灵感来源。

一、《音乐之声》的故事

电影《音乐之声》的故事发生在 20 世纪 30 年代末奥地利的萨尔斯堡镇。女主人公玛利亚是萨尔斯堡一个修道院里的见习修女,但她爱唱爱跳、活泼喜动、热爱自然、直言快语的性格不适合修道院里的生活。修道院的女院长接到冯·特拉普上校家寻求家庭女教师的请求后,决定让玛利亚去他家当家庭女教师。冯·特拉普是奥地利帝国的一位退役海军上校,妻子因病去世,给他留下了七个未成年的孩子,最年长的女儿丽莎（Liesl）十六岁，最年幼的女儿格瑞特（Gretl）年仅五岁。长期的军旅生活使他对待孩子们像管教士兵一样严苛、刻板；丧妻的不幸使他悲伤不已，常常离家外游，寻求慰藉，无心顾及孩子们的感受。影片故事发生时，正值学校放暑假期间，孩子们休假在家，亟须有人照管、教育。已经请来过11位家庭女教师，但都受到孩子们的拒斥，被他们以各种恶作剧的方式撵走，逗留时间最短的一位家庭女教师仅待了两个小时！在这种情况下，玛利亚作为第12任家庭女教师走进了冯·特拉普一家的生活。

影片中，孩子父亲冯·特拉普上校和未直接露面的11位家庭女教师体现的完全是传统教育的形象。上校交给玛利亚一个口哨，让她学会用吹口哨的方式呼唤孩子们，并要求她对他们严格管教：上午看管他们学习，下午监督他们行军训练，晚上督促他们严格地按时上床睡觉。她和孩子们都必须严格遵守各项纪律。但是上校没有想到，在孩子们表面的服从和整齐划一之下隐藏的是叛逆、恶作剧和对得到父亲关爱的渴望。

二、玛利亚和孩子们教与学"Do-Re-Mi"

怎样帮助孩子们呢？玛利亚决定从她自己"所在的位置"[①]，即从音乐歌舞开始她的教育工作。但现实是孩子们不知道如何唱歌。于是，玛利亚选择了从七个最基本的音符——"do re mi fa so la ti"开始教唱，其戏剧性的含义是：一切从头开始——我的教学思想和实践从头开始。我们来看看，为了使孩子们学会这七个抽象的基本音符，玛利亚怎样创造性地教唱了"Do-Re-Mi"：

---

① ［美］小威廉姆·E. 多尔. 后现代课程观［M］. 王红宇，译. 北京：教育科学出版社，2004：23.

"Let's start at the very beginning, a very good place to start. When you read you begin with—A B C. When you sing you begin with do re mi. Do re mi? Do re mi, the first three notes just happen to be. Do re mi. Do re mi! Do re mi fa so la ti…

"(Maria: Oh, let's see if I can make it easier. Mmm…) Doe—a deer, a female deer, ray—a drop of golden sun, me—a name I call myself, far—a long, long way to run, sew—a needle pulling thread, la—a note to follow sew, tea—a drink with jam and bread. And that will bring us back to "do", oh-oh-oh!

"So do la fa mi do re. (Maria: Can you do that?) So do la fa mi do re. So do la ti do re do. So do la ti do re do. (Brigitta: But it doesn't mean anything. Maria: So we put in words, one word for every note. Like this -) When you know the notes to sing, you can sing most anything. When you know the notes to sing, you can sing most anything."

首先，玛利亚说：凡事都应该有个好的开头。学习阅读从 ABC 开头，学唱歌就从 do re mi 开头，因为 do re mi 就是七个音符的开头。（类比）

当玛利亚接着唱"do re mi fa so la ti"时，孩子们不能跟唱下去，这时玛利亚自言自语地说，"让我们把它们变得更容易些"：do（doe）是一只小母鹿，re（ray）是一缕金色的阳光，mi（me）是我们各自称呼自己，fa（far）是要跑很远很远，so（sew）是穿针引线缝衣服，la 就在"sew"后面，ti（tea）是茶点。（谐音、比喻、可爱的形象化）

当玛利亚教唱随机组合的两组音节 so do la fa mi do re 和 so do la ti do re do 时，孩子们没有立即跟唱，因为这种随机组合的音节对他们来说既抽象、生涩，又毫无意义。一个孩子（Brigitta）直言快语地说："这没有什么意义呀！"因此，玛利亚通过给音节赋词，使无意义的音节组合具有了与孩子们的生活和学习密切相关的意义：将 so do la fa mi do re 和 so do la ti do re do 教唱成"当你学会唱音符时，你就学会唱歌了"（When you know the notes to sing, you can sing most anything）。（抽象知识具体化、意义化）

玛利亚教孩子们唱歌曲"Do-Re-Mi"是电影《音乐之声》中的一个片段，这个片段把玛利亚与传统教学迥然不同的教学实践集中表现出来。电影通过玛利亚教育孩子的实践，似乎在告诉人们：好的教育应该是师生平等对话、和谐相处的，而教师的宽容、智慧、热情、负责任是主导方面；学生在成长过程中需要理解、引导、呵护，因此在教育工作中要相信学生、适应学生的个性特征、理解学生的心理需求，从而能够不断调整教与学的目标、内容和方法，让学生能够积极参与学习活动，让他们在愉快、和谐的气氛中投身于学习生活，这是孩子健康成长、教育获得成功的根本途径。而作为关注师生个体体验的教学理论研究者，我认为电影《音乐之声》中"Do-Re-Mi"教学中的如下特征更具有启发性。

三、"Do-Re-Mi"教学情境的特征

玛利亚和孩子们教与学唱"Do-Re-Mi"的教学情境具有以下几方面的特征。

（一）教与学的目标具有灵活性（Flexibility）

就玛利亚教孩子们唱歌这一教学活动而言：在她决定从头开始教孩子们音乐时，她心里所想的那些教学目标仅仅是一些可能性，这些目标在与孩子们的交流中不断具体化、转化；为实现目标采取的行动成为她组织其教学的原则；实现它们的过程就是那些目标在教学活动中，在与

孩子们的互动中灵活变化、渐渐实现的过程；而目标的变化则是在努力实现目标的过程中不断产生的创造性转化。无疑，孩子们在学习音乐的过程中体会到，音乐能够丰富他们的生活，是一种新的可能性，一种崭新的学习目标。在实际教学中，玛利亚通过和孩子们一起灵活地调整每一次教学的具体目标，来帮助他们实现学会音乐歌唱、陶冶情操、丰富生活的最终目标。当他们师生为每一次教学活动设立目标时，所设的目标不是固定不变的，而是可以随着教学的进程而发生变化的。不过，教学目标发生变化的每一时刻都存在着对知识严肃认真的探索，其教学目标产生于他们师生之间、孩子们相互之间以及他们师生与音乐知识技能之间活泼的互动过程；而非先于这种互动。在教与学音乐知识技能的同时，他们在不断地创造和重新创造其自我，使课堂成为他们师生进行会话、互动、歌舞的场所，成为他们丰富其个体经验、愉快学习、健康成长的乐园。

（二）孩子们全身心投入地学习（Engagement）

在教学过程中，每一个孩子都是教学活动的参与者，并有意无意地受到其过去的个体经验的影响。比如，他们一开始很反感新来的老师玛利亚，因为他们之前已经有过太多的老师，而这些老师对他们的个体经验和感受漠不关心，他们以为玛利亚也许和那些老师一样。他们也对家里的私人生活环境感到伤心：他们的父亲可能要给他们娶回一个新妈妈，一个他们不喜欢的女人。这些过去的经验使其个体经验得到丰富，成为他们正在体验的现在的经验的一部分。他们把这一切都带进了课堂，基于自己过去的经验在此时此刻的学习体验中来感受其同学和老师，来倾听、回应。他们倾听老师玛利亚的声音、看见她的脸、感受到她的情绪，并从他们自己的角度做出回应；同时，他们也感受到了其同学（兄弟姐妹）的存在，并与他们互动。由于玛利亚基于他们的个体经验找准了教学目标，用对了教育方法，因此他们忘情地投入饶有趣味的教学活动之中，投入正在被研究的各种关于具体的音乐知识和技能的问题之中，不断添加进他们自己的情感、疑惑、解释和创造。他们不仅是作为教学对象在接受，而且是作为完整的个人在开心、在纠结、在游戏、在探索、在感受、在创造、在转化、在生活，成为音乐方面新经验、新知识的积极创造者和所学音乐知识、技能的灵活的运用者，成为音乐智慧乃至生活智慧的探寻者。

在教学过程中，在玛利亚全心关注、细心观察、热情鼓励、循循诱导、适时指导和及时帮助下，孩子们产生了愉快、丰富的积极情感：受关注、被关心的感受使他们产生了强烈的自尊、自重感；频繁获得的鼓励使他们产生了克服困难的勇气，维持住了学习的信心；适时受到的指导和帮助使他们具备了继续学习的能力、体验到了学有所成的愉悦。在玛利亚的激情的感染和带动下，孩子们也忘我地、全身心地投入各种学习活动中去，欲罢不能。在这种愉快的教学氛围和生机勃勃的互动过程中，孩子们快乐地学习着、投入地体验着、用心地感受着、喜悦地收获着、健康地成长着。

（三）教与学的知识源自现实生活（Embodiment）

在他们师生共同参与的教学中，音乐知识与技能以游戏玩乐的形式体现在其现实生活中。在其中，课程与生活合而为一，知识和生活融为一体，教、学和游戏彼此交融。

在交谈中，玛利亚迅速了解到孩子们没有任何音乐基础，并很快在脑子里清楚地确定了他们必须精确掌握的知识——七个最基本的音符。通过细心观察，玛利亚弄清了孩子们在学习中的困难——七个音符对孩子们来说太抽象、太陌生，与他们的生活经验或生活现实毫不相干，难以理解和接受，因此难以激发他们的学习兴趣和积极性。她急中生智地想出了解决问题的办法——尽可能地给每个音符配上一个与之谐音的、孩子们熟悉的英语词，这些词所表达的语义都是他们生活中极其熟悉，每天都要使用、经历和体验的事物、事件或活动。在生动形象的比喻、丰富多彩的教学内容和灵活多变的教学形式中,孩子们生活中的事物、事件和活动自然地融进了原本陌生而抽象的学习内容,学习变成了游戏、活动,游戏性的学习又成为孩子们生活的一部分,学习、游戏、活动、生活成为一个相互关联、相互渗透、互为部分的有机整体,构成了孩子们展现个性和快乐生活的和谐图景。通过这种联想的教学,那些对孩子们来说抽象的音符变成了具体的事物、事件和活动,死的知识变成了活生生的生活情境,乏味的死记硬背变成了其乐无穷的游戏、玩乐,无所事事的恶作剧变成了充满意义的创造和效果显著的学习成果!孩子们乐在其中,流连忘返。

(四)教与学的过程是一种生机勃勃的关系性过程(Liveliness)

"教育的全部目的就是使人具有活跃的智慧"[①],这比传授知识更加伟大,更为重要。智慧是一种将知识融会贯通、整体把握事物的能力,是人可以获得的最本质的自由。不过,自由并非随心所欲,要获取精确的知识进而达至智慧,必须遵守相关的法则和方法,必须有条理、有纪律。因此,社会、学校和教师应协调好自由和纪律的关系,一方面应努力为学生营造一个自由探索的环境,另一方面还应强调纪律的必要性。为了使学生实现学习目标,应努力使纪律来自学生的自我内部,成为一种内在动力,一种自律,并使自由与纪律处于一种和谐的互动中,使他们养成"愉快地去完成必须做的工作"[②] 的习惯。师生双方进行的应是一种对话的、互动的、活泼的、和谐的教与学,在这样的教学过程中,纪律和自由有机地统一起来。在这种纪律与自由同在的创造性和谐中,

---

① [英]怀特海. 教育的目的 [M]. 徐汝舟,译. 北京:生活·读书·新知三联书店,2002:66.
② [英]怀特海. 教育的目的 [M]. 徐汝舟,译. 北京:生活·读书·新知三联书店,2002:62—63.

将难教、难学、抽象的基础知识演绎为具体、生动的生活事件和情景。

玛利亚以她自然的天性真诚地、耐心地关爱、宽容、理解孩子们，与孩子们沟通、交流、互动，成功地化解了孩子们对她的戒备、抵触，甚至敌意，赢得了其信任和友爱。趁孩子父亲不在家的时间，她想方设法帮助孩子们解除各种束缚，给他们以自由：她用撤换下来的旧窗帘给孩子们缝制游戏服，让他们脱掉制服，解除制服对他们身心的束缚，穿上游戏服到户外自由自在、无所顾忌地游玩、打闹；她和他们一起在山上、在河边、在树上、在水中、在庭院里、在草地上、在市场里、在大街上嬉戏、玩闹、奔跑、歌舞……在这样的自由氛围中，在广阔的自然怀抱里，孩子们绽放出生命的活力，感觉到自己的渺小和自己在知识、才能上的匮乏，从内心深处迸发出对知识的渴求和对学习的渴望。玛利亚适时地抓住一个又一个这样的教育时机，用他们乐此不疲的游戏的和活动的方法，教给他们必要的音乐和歌唱方面的基础知识、基本技能、学习方法乃至生活智慧，使他们身心自由、和谐、快乐地生活、学习、进步、成长！由于这种快乐的学习方式符合孩子们成长过程中自然的和情感的需要，能使他们充分发挥自己的能力并取得明显的学习成果。由于他们在学的过程中享有应有的自由，因此逐渐养成了愉快地学习必须学习的知识技能的习惯。他们通过所享有的自由实现了来自其自我的约束，学习的过程成为他们自主选择的生活和成长过程。

整个教学过程就是他们师生在活泼互动中游戏、活动，以旧拓新，学习新知识、技能，巩固和应用所学知识技能的过程。他们互动的形式丰富多样：他们师生一起在田野、山坡、桥头热情奔放地跳跃、舞蹈、爬树、赛跑；他们从来没有任何固定的教学场所，整个影片中看不到任何有形的"教室"，看不到他们师生在某一个房间里进行教学的那种"教师站在前面讲，学生坐在下面听"的经典课堂教学场面。他们教学——游乐、打闹、歌舞——的足迹踏遍了整个萨尔斯堡镇，他们美妙的歌声和欢快的嬉闹声在山坡上、溪水畔、丛林中、大树上、马车里、小船中甚至湖水里处处荡漾；草地、街道、市场、庭院、池塘、桥头，无处不是他们的"教室"和课堂！教、学、游戏难分彼此！

(五) 教师同情、理解、关爱（Supportiveness）

"成功的教师有一个秘诀：他在自己的脑子里清楚地确定了学生必须以精确的方式掌握的东西。因此，他不用勉强让学生为熟记许多次要的不相关的知识而烦恼。成功的秘诀是速度，速度的秘诀是集中精力全力以赴。但是，就精确的知识而言，秘诀是速度，速度，速度。快速获取知识，然后应用它。如果你能应用知识，你便能牢牢地掌握它。"①

玛利亚无疑是一位赋有"秘诀"的好老师。她通过与孩子们的交谈，迅速了解了孩子们的音乐学习基础，很快在脑子里清楚地确定了他们必须精确掌握的知识，弄清了他们在学习中的困难，并急中生智地想出了解决问题的办法。她灵活、有效地掌控着教学的节奏，当慢则慢，能快则快。她一边教唱，一边细心观察孩子们的反应：在首次教唱"do re mi fa so la ti…"整句时，她通过孩子们的眼神、表情和体势语，发现他们困惑不解，不能跟唱，因此学习积极性不高。她立即停了下来，查找问题：这些抽象的符号与他们的实际生活不相关，引不起他们的兴趣；直接、生硬地灌输抽象的新知识对孩子们来说太难了；于是她积极地思索对策："让我们看看能否使它更容易学（Let's see if I can make it easier）"②；并很快找到了解决问题的办法：从孩子们的生活实际和知识水平出发，用谐音、比喻等方式将这些抽象的音符与孩子们生活中的

---

① [英] 怀特海. 教育的目的 [M]. 徐汝舟, 译. 北京：生活·读书·新知三联书店, 2002：65.
② [美] 罗伯特·怀斯. 音乐之声 [Z]. 1965年20世纪福克斯公司拍摄. 长春电影制片厂银声音像出版社, ISRC CN-D16-03-0005-0/V. J9. 此处引用的括号内的英文是我从影片中抄录的电影台词，汉语是我翻译的台词的译文。

实际事物和活动联系起来。当她将七个音符分解开，刚用比喻的方式唱完第一句"doe—a deer, a female deer（doe——一头鹿，一头母鹿）"时，孩子们就一下子提起了精神：他们的坐姿端正了、眼睛开始发亮、表情逐渐专注，好奇而急切地期待后面的内容。看到孩子们的反应，她知道这回找准了出发点，用对了方法，便兴奋地继续教唱，不再停顿。尽管她加快了后面部分教唱的速度，但由于歌曲中比喻的内容都是孩子们十分熟悉的生活中的事物、事件或活动，因此每一个孩子都高度注意、兴致盎然、目不转睛地倾听，等到玛利亚唱到最后一句比喻时，孩子们已变得兴高采烈，迫不及待地想要尝试了。

　　教育是一种诱导的、说服的、容他的艺术，需要教师既欣赏差异、尊重他者，又不丧失自身的个性和整体性。玛利亚对孩子们的教育充分体现了这一点。他们师生关系融洽、亲密，情似亲朋。在教学过程中，玛利亚既是领导者、讲解者，又是一个平等的成员、好的倾听者、积极的交往者和参与者。她天性自然、善良纯真、坦诚宽容、勇敢豁达、崇尚自由。初来乍到的她没有被上校的霸道、严苛和孩子们的排斥、恶作剧吓退，而是迎难而上，积极应对：她不认同上校要求并实施的控制性管教方法，而是把孩子们作为活生生的人来看待，与他们对话交流，对他们进行诱导性、说服性的教育；她不计较他们恶意的作弄，而是把它们作为教育的契机，以其聪敏和机智，故意在餐桌上用赞扬的方式大度地"感谢"孩子们"送"给她的"礼物"，从而点破了他们的恶作剧，但又帮他们掩盖了真相。她的宽容、隐忍、仗义让孩子们对自己的行为产生了愧疚；她的真情道白消除了他们对她的戒备、抵触，赢得了他们的信任和友好。她的激情、忘我和孩子气使她能与孩子们在一起游戏、打闹，成为他们的一个玩伴；她的良好素养和教育智慧使她成为孩子们知识技能学习上的良师，心理、思想、情感上的向导；她对每个孩子的真诚关爱、细心呵护和倾力支持使孩子们对她产生了生活上的依靠和情感上的依恋，情同亲子，难舍难分。

玛利亚和孩子们教与学唱歌曲"Do-Re-Mi"的教学情境成为我之所思（教学中的个体经验）与我之所想（赋予教学中的个体经验以意义）之间的一根连接线：在欣赏玛利亚和孩子们全身心地与所教和所学的内容互动、对话，并作为完整的人，身心俱在地享受这种互动所带来的教学成果和乐趣之时，在分析这一教学事件的成功和迷人之处的过程中，我发现，使教学成功的必要的、关键的因素包括：学生要学，教师支持，师生对教学的目标、内容、进度及方式方法有自主决策权。本书尝试将教学中这样的个体经验因素抽象出来，将之概念化，结果形成了强调师生个体经验的个体体验性英语教学方法论假设——FEELS。

02

| 假设篇 |

第二章

FEELS 假设可能成立吗？

小写的"feel"是英语中的一个常用词，其所有的词义都关涉个体的主体性和主观形式。"feels"既是名词"feel"的复数形式，指个体的人的各种"体验"、"感觉"、"感受"；又是动词"feel"的单数第三人称形式，指他者去体验、去感受，可引申为去摸索、去同情、去欣赏。人在加工外界输入的信息时，不仅能认识事物的属性、特性及其关系，还会产生对事物的态度，引起满意、不满意、喜爱、厌恶、憎恨等主观体验。如对学生来说，学习的成功、同学的帮助、老师的支持、亲人的关爱，会使他们感到愉快、兴奋和喜悦；而学习的失败、同学的讥讽、老师的冷漠、亲人的不和，会使他们感到沮丧、愤怒或痛苦，这些都是 feels。

一、FEELS 假设的含义

作为一种个体体验性英语教学方法论假设，大写的"FEELS"有两方面的含义：一方面，它是五个英语词语的首字母缩写（见图 2-1），五个词语分别是 Flexibility of objectives（目标的灵活性）、Engagement of learners（学习者的参与性）、Embodiment of knowledge（知识的体现性）、Liveliness of relational learning（关系性学习的活泼性）和 Supportiveness of teachers（教师的支持性）。另一方面，作为一个整体，FEELS

具有上述小写 feels 的含义——个体的"经验"或"体验",是本书的理论假设——"个体体验性英语教学方法论"的核心概念。

图 2-1　FEELS 假设

(一) FEELS (缩写) 的内涵

1. F——目标的灵活性 (Flexibility of objectives)

过程哲学家怀特海说:"应该摈弃这种观念:为教育确定一种不现实的遥远目标。"① 目标指的是一种预设的可能性,例如,一位教师在

---

① [英] 怀特海. 教育的目的 [M]. 徐汝舟, 译. 北京: 生活·读书·新知三联书店, 2002: 35. 怀特海 (Alfred North Whitehead, 1861—1947): 世界著名过程哲学家、理论物理学家、数学家和教育家,他称其哲学为有机哲学 (organic philosophy)。他一方面深受现代科学的影响,特别是受到早期量子理论、生物进化论和相对论的影响,因此其早期著作主要是关于数学和科学哲学的。另一方面他亦受到西方知识和美学史上各种传统的影响:柏拉图的哲学、威廉·华兹华斯的诗歌、约翰·洛克和大卫·休谟的经验主义、威廉·詹姆斯的实用主义以及基督教精神。因此他是一位深刻的跨学科领域的思想家,其思想的独到之处在于他相信上述思想中的每一种都能提供关于宇宙及生活于其中的人类的智慧。

教授一门课程时，可能性也许是开始上这门课程时心里所持有的那些教学目标，为实现目标采取的行动成为那些目标渐渐实现的过程；而目标的变化则是在努力实现目标的过程中不断产生的创造性转化。为什么会发生目标的变化呢？

首先，小威廉姆·E. 多尔的"丰富性"概念可以帮助说明其中的原因。在多尔的后现代课程中，丰富性指"课程的深度、意义的层次、多种可能性或多种解释。为了促使学生和老师转变和被转变，课程应具有'适量'的不确定性、异常性、无效性、模糊性、不平衡性、耗散性与生动的经验。但对课程来说，怎样才能达到既激发创造性同时又不会失去形式或形态的'适量'，却是无法事先确定的。这一问题要不断地在学生、教师和文本（后者有不可忽视的漫长的历史，形成了自己的基本假设）之间予以协调"①。就是说，因为课程具有丰富性，这种丰富性表现为，课程可能具有不确定性、异常性、模糊性、不平衡性、耗散性等特点，所以目标作为一种预设的可能性，不可能把课程这种丰富性完全囊括，必然存在片面性，不可能总是合适的、正确的或有效的。教学中不存在固定的起点和终点，应将处于情境之中的特定事件作为特定事件来处理。因此教学目标的设定不应该是静态的、固定不变的。这是教学目标必须具有灵活性的道理之一。

其次，教学不只是传递知识的过程，也是创造和重新创造个体自我和文化的过程。应该放弃寻求确定性和普遍性，接受个体当前状况的暂时性、知识的不确定性和自我的偶然性。在教学中，教师与学生之间、学生与学生之间以及师生作为读者与文本之间的对话都是双向的过程，他们都有自己的声音，因此教学是一种声音多元的、多向的关系性交流

---

① ［美］小威廉姆·E. 多尔. 后现代课程观［M］. 王红宇, 译. 北京: 教育科学出版社, 2004: 250—251.

活动。当一位教师为一堂课设立目标时，所设的目标可以随着课堂教学的进程而发生变化，因为课堂不一定是某一个固定的所在，而应该是一个动态的教学共同体。目标发生变化的每一时刻都可以存在对知识严肃认真的探索，或更深一层，存在对智慧的探索。这意味着，教学的目标必须是灵活的，其中一些产生于教师与学生之间、学生与学生之间和/或师生与文本之间的互动过程中，而非先于这种互动。在这种互动关系中，既存在确定的东西，也存在不确定的东西，确定性和不确定性组合在一起，使教学活动丰富多样。这种互动的多元性和多样性要求教学目标不能是预设在那里固定不变的。这可以说是教学目标必须具有灵活性的另一个道理。

2. E——学习者的参与性（Engagement of learners）

学习需要学习者个体作为完整的人全身心地参与进去。从心理学[①]的角度看，学习者的个体心理包括认知、情绪和动机、能力和人格等几个方面。认知是人最基本的心理过程，包括感觉、知觉、记忆、想象、思维和语言等。在认知过程中，学习者不仅能认识事物的属性、特性及其关系，还会产生对事物的态度，引起满意、不满意、喜爱、厌恶、憎恨等主观体验，或称情绪（emotion）或情感/感受（feeling）。人的认知和行为不仅受情绪和感受的影响，而且是在动机的支配下进行的。动机即推动人朝向某一目标活动的内部动力，其基础是人的各种需要，即人在生理和心理上的种种不平衡状态。人对自己行为的自觉调解和控制是根据自己的认识和情感来实现的，而人的意志的坚强或懦弱又反过来对人的认识和情感产生巨大的影响。人在认知的过程中还会形成各种各样的心理特性或个性（包括能力和人格），造成人与人之间的个性差异。认知、情绪和动机、能力和人格这三个方面相互联系、相互依存，

---

① 彭聃龄.普通心理学（修订版）[M].北京：北京师范大学出版社，2004：2—6.

不可割裂。例如，学习的需要会推动学习者去探索新知，交流的需要会推动他们去建立各种人际关系，并获得各种情绪体验。人的需要的产生和发展又依赖于认知：教师也许正是由于积累了丰富的知识，认识到自己的工作对培养人才的重大意义，并且有了对教育、教学工作的强烈的责任感，才会产生炽烈的从教动机，并为实现自己教书育人的理想而奋斗。人的能力和人格是在获得和应用知识的过程中产生和表现出来的，这些心理特性又调节着人脑加工信息的过程，并赋予这些过程以个体的特色。人的心理还具有意识的特点，它是由人的认知、情绪、感受、欲望等构成的丰富而稳定的内在世界，是人们能动地认识世界和改造世界的内部资源。意识表现为人能够计划自己行动的目的，在实现目的的过程中，能坚持预定的方向，分析出现的新情况、新问题，将行为的结果与目的进行对照，克服遇到的各种困难和障碍。人不仅能意识到外部世界的存在，而且具有自我意识，能够自觉地了解哪些事物已经认识了，哪些事物尚未被认识，能够揭露和掌握认识过程的规律。人不仅有喜怒哀乐等情绪，而且能知道为什么喜或怒，知道怎样寻欢作乐、避忧免烦。这种自我意识使人能够对自己的所作所为进行自我分析、自我评价、自我调节和控制。人的心理还存在无意识现象，即人在正常情况下觉察不到，也不能自觉调节和控制的心理现象，它亦可能对人的行为产生重要的、潜移默化的作用。意识对事物和活动的指向和集中是注意，即选择信息。没有注意的作用，人就无法清晰地认识事物，也无法准确迅速地完成某种活动或行为。由一系列身体上的反应动作和活动构成的行为总是在一定的刺激情景下产生的。行为不同于心理，但又和心理有着密切的联系。引起行为的内、外因素，即刺激，常常通过心理的中介而起作用。

心理现象是一种主观精神现象，一个"黑匣子"，看不见、摸不着，没有重量、大小或体积；而行为却具有显露在外的特点，可以用客观的方法进行测量。人有丰富的主观世界，主观世界的情况不同，对同一刺激的反应常常是不一样的。心理支配行为，又通过行为表现出来，因此，不理解人的内部心理过程，就难以理解其外部行为反应；同理，通过观察和分析外部行为，可以对人的心理活动进行客观的研究，打开"黑匣子"，展现身心的有机统一。

学习者是身心统一的、有机的生命主体，是有感情的存在，是有同情心也需要被同情的人。因此他们在学习中不是预设的、给定的知识的被动接受机器或旁观者[1]，而应是主动的、参与的，是新经验、新知识的积极创造者和所学知识的灵活运用者，可以卷入正在被研究的问题之中，添加进自己的理解和解释性框架，不仅作为学习者在探究问题，而且作为完整的人在探索、在感受、在创造、在转化、在生活，即作为在认知、情感、动机、能力、人格等诸方面都参与教学、参与生活本身、与情境互动的人。

3. E——知识的体现性（Embodiment of knowledge）

教育"只有一个主题，那就是五彩缤纷的生活"[2]。因此，在英语课程与教学中，知识应是体现的、互动的、对话的，是被创造而非被发现的，是在对话和协商中产生的有意义的生活经验，体现在师生的教、学和生活中。知识不仅涉及真理，而且涉及游戏性、矛盾性、复杂性和不确定性，可能是正确和错误的混合物，常常是不正确、不完全的，需要新的参与性想象和洞见。知识不是智慧，但它为学习者探寻智慧提供基础。智慧是对知识的掌握或掌握知识的方式。知识和智慧并非总是呈正相关，从某种意义上说，随着智慧的增长，知识将减少。学习者最终

---

[1] ［美］小威廉姆·E. 多尔. 后现代课程观［M］. 王红宇, 译. 北京：教育科学出版社, 2004：200—201.

[2] ［英］怀特海. 教育的目的［M］. 徐汝舟, 译. 北京：生活·读书·新知三联书店, 2002：12.

拥有智慧的时候是在他们摆脱了教科书、烧掉了笔记本、忘记了为了考试而背得滚瓜烂熟的细节知识，但却仍能在学习中得心应手地、创造性地应用所学知识，并不畏艰难地继续探索、创造新知识。这种知识转化为智慧的过程正是知识真正体现于学习者的学习和生活之中的过程。

4. L——关系性学习的活泼性（Liveliness of relational learning）

学习作为一种创造性活动，绝不是一个机械的、被动的、往容器里装物品的过程，而相反是人类心灵最重要、最独特的能力，是特定的认知者与认知对象之间互动和相互作用的过程，是这二者之间活泼的互动交流，充满探索、享受、变化和自由。这种交互性和相互作用对学习具有重要意义，因为人类个体不仅自我独自学习，还通过他人学习，与他人一起学习，向他人学习，彼此之间相互学习。自我在知者—被知者对话的双重聚焦过程之中成为交互作用的关键成分。向内指向自我、向外指向社会的反思性意识是人类用以影响这一交互作用的思想工具。人类学习大多来自这一相互作用，通过矛盾创造激发成长的困境。即使将学习理解为获取知识，那也是一种积极的过程，在这一过程中，学习者在与自我、与他人、与文本的互动关系中创造和发现新的思想观念。教育的最佳境界发生在教与学的双方都是开放的、自由的，都在与上述各方活泼互动之时。教育必须用爱的方式尊重学生个体的主体性，让学生自由地去探索、去质疑、去创造，使学习者真正享受这样一种活泼的、自由的、互动的、变化的、历险的、创造的关系性学习过程。

合作、互动的教学鼓励每一个学生在学习中主动参与、身心同在、自觉发展、合作学习，并从中体验和感受自主学习和相互帮助的快乐和成功感，使课堂成为一种教与学的关系性共同体，一个人与人相互联系的有机网络，使教学从教师单纯地教、学生被动地学转变为师生合作、活泼互动、共同提高。在这种教学互动过程中，教师与教师、教师与学生、学生与学生之间可以取长补短、优势互补。在教学互动与合作中，师生不是对头，同学不是敌人，而都是合作伙伴，可以见识不同的学习方式，或独立自主学习，或与他人合作，或与小团队（如班级、学习小组等）共同研究，或加入合作范围更大、更广泛的研究。学习上的成就或学术上的发现不可避免地是一种累积的、集体的活动，在集体成员互动的过程中，过去的创造和发现注入并激发将来的创造和发现。那些合作的、协同的、互动的关系性学习方式促使人为了创造和发现而探索，引起创造性的勃发，养成追求创新的激情和冲动。在活泼的合作和关系中，在文本和读者、教师和学生、经验和意识等之间协调信息似乎是教学的职责所在。在协调信息的过程中每一方积极地倾听，同情而具有批判性地倾听对方在说什么，"其意图不在于证实一种立场的正确性而是要发现将不同观点联系起来从而通过积极地参与对方而扩展自己眼界的方式。这一参与是一种转变双方的过程的活动，不论双方是文本与读者或学生与教师"①。教学应使活泼的、互动的、解释的、对话的、重复的、交流的过程不断地扩散下去，成为一个"没有人拥有真理而每个人都有权利要求被理解的迷人的想象王国"②。

5. S——教师的支持性（Supportiveness of teachers）

教育是一种需要教师参与的、诱导的、说服的、非压制的、容他的艺术，欣赏差异、尊重他者。教师在教学中应接纳多样性和差异性，但又不丧失自身的个性和整体性，成为学生学习的支持者：倾听学生的声音、了解学生的需要、关心学生的感受、激发学生的兴趣、唤起学生的探险意识、鼓励学生挑战其想象、激励学生进行创造、引导学生享受学习、创造的自由和学有所得、学习成功的喜悦。教师应该明白，认识真

---

① ［美］小威廉姆·E. 多尔. 后现代课程观［M］. 王红宇，译. 北京：教育科学出版社，2004：218—219.
② ［美］小威廉姆·E. 多尔. 后现代课程观［M］. 王红宇，译. 北京：教育科学出版社，2004：219.

理的方式是多样的，教育、教学的方式和方法、学习的方法和途径也是多样的，因此应鼓励在课堂上下倾听不同的声音和不同的观点，能够听到那些被"边缘化了的"乃至"异化了的"他者（学生）的声音，体会他们认识事物的方式，理解他们的叙述，尊重他们的感受，鼓励师生之间和学生之间的互动和对话；关爱学生，对学生一视同仁，对学生的情感和想法都给予悉心的关注、呵护和欣赏，尊重每一个学生独特的经验、感受和价值。

教师并非绝对真理的拥有者，但必须是一个享受探索和创造的学习者，具有丰富的想象力，善于诱导和启发，能够提出原创的、可供选择的新观念，能够发现和选择那些对学生有意义并能引起他们兴趣的命题和感受的诱惑，鼓励学生不要盲目地接受书本知识，而要勇于探索，学会提出新的问题。学生天生就是求索者、发明家，每时每刻都在观望着新奇的事物，教师的职责就是鼓励、培育和呵护他们的好奇心和创新意识，使之健康成长。在教学中，教师既是领导者和好的讲解人，又是平等的成员、好的倾听者、积极的交往者和参与者。教师应同情而优雅、严格而肯定、幽默而激励，成为有爱的、支持的一方，引导学生踏上向上、向前的旅程，通往生活中他们从未真正达到但却一直向往着的真、善、美。

6. "F-E-E-L-S" 五者之间的关系

在 FEELS 中，五个字母所代表的含义相互包含、相互渗透、相互依赖。逻辑上，每一个都含有其他每一个并以之为前提。而在课堂教学环境中，它们则不仅仅是在逻辑上相关，而且每一个都在与另一个的相互内在关联中发挥作用并帮助学习者产生新的经验和感受。这里以其中的一个因素——"学习者的参与性"与其他四者之间的内在关系为例来说明这五个因素之间逻辑的和经验的联系。

大多数参与的学习者（第一个"E"）都需要支持性教师（"S"）

帮助他们参与到其学习中去，这样的教师关心学生，不只是将他们视为教的对象，而且视为有其自身价值和创造性的个体的、独特的、完整的人。为了使自己投身到学习中去，每一个学生还需要与其他人和其他因素建立活泼的互动关系（"L"），并从中享受到学习的乐趣、获得学有所得的满足。有些学生可能有能力投身于独自的学习之中去并享受这种单独学习的过程，独立地与其学习中一些非人的因素如学习目的、学习兴趣、学习内容、学习条件等互动；但多数学生需要一种团队学习的文化氛围才能使自己投身到学习之中去，在其中，在课堂内外，他们能在与他人的关系和互动中收获友谊、获得支持、树立信心、克服困难、学得知识、丰富经验、分享快乐，从而享受这种与他人活泼互动的关系性学习过程本身。当然，任何一个参与的学习者都需要与所学的知识互动，即在所学的知识中找到对自己来说既有趣又实用的东西，使知识本身充满生命的活力和新的可能性，鲜活地体现在自己的生活经验和感受中（第二个"E"），成为其个体经验的一部分，而不仅仅是一堆要死记硬背的、无生气的、固定不变的事实或规则，从而令自己在学习的过程中既学有所得，又身心愉悦。因此所设立的教学目标必须具有灵活性（"F"），能以弹性的、灵活的方式与学生的个人需要相关联，从而内化到学习者的自身经验和感受之中去。课堂教学可以被体验为活生生的生活现实，而不是一套预先设定的、没有惊奇、没有神秘、没有浪漫、没有生命的机械程序。最后，学习者必须将其整个身心，包括其心智、情感、记忆、希望、想象、创造性等，全部投入到活泼互动的关系性学习过程之中：参与进来的学习者是一个全身心投入的、有机的、有情的、完整的人（第一个"E"）。这样，"学习者的参与性"这一概念就在所有其他四个概念中得到了丰富；而在一个充满生命活力的对话、交往和互动的关系性学习过程中，学习者的参与性也能得到所有其他因素的滋养。如此，FEELS 中的每一个因素都既在逻辑上亦在经验方面获得其他因素的支持，构成一个相互支持、互利共赢的有机生态网络。

不过，FEELS中的五个因素并非都是等重的，"学习者的参与性"在其中处于核心的地位，"目标的灵活性"、"知识的体现性"、"关系性学习的活泼性"和"教师的支持性"这四个方面均指向"学习者的参与性"，旨在帮助和支持学习者真正参与到活泼的关系性学习过程中，在教与学的互动中根据具体情况和需要，不断地灵活调整学习的目标，使各种知识、技能充分体现在学习者的经验与感受中，从而丰富其经验、愉悦其身心、增长其智慧。五者的合力可以将个体的人（师生）引向通往成功的教与学之旅。

（二）FEELS（整体）的内涵

作为"个体体验性英语教学方法论"假设的核心概念，FEELS集五者的合力于一体，指教学事件中教师和学生的个体经验或体验，关注教师和学生的个体经验或感受及其在构建课程与教学理论中的核心价值。它与F（目标的灵活性）、E（学习者的参与性）、E（知识的体现性）、L（关系性学习的活泼性）和S（教师的支持性）构成整体与部分的生态关系。故而整体不是部分简单相加之和，作为整体的FEELS有更为重要的意义，如下所述。

二、FEELS假设的理论基础

FEELS假设主要基于以下理论思想：怀特海的过程哲学、多尔的后现代课程观、派纳的教学自传研究方法。

（一）怀特海的过程哲学

怀特海的过程哲学思想是FEELS假设的第一种理论支持。过程哲学诉诸个体经验本身，赋予经验者的每一种个体经验以哲学意义和价值。一个人，如一个学习者，不单是世界上的一个如蔬果桌椅那样的物件，更是一个有生命的主体，一个有思想、感情、记忆、愿望、期盼和梦想等经验的有机主体，这里"经验"指所有这些发生的事情。如果一个人在思考或回忆，那么这一思考或回忆行为本身就是其个体经验之一。怀特海将个体经验视为宇宙或世界的基本构筑材料，认为世界是由点滴的经验构成的。他在《过程与实在》（Process and Reality）中说，宇宙中"最终的事实都一样是动在（actual entity）；而这些动在就是复杂而又相互依赖的点滴的经验"①。这就是说，经验是人类生活以及整个宇宙中基本的现实存在，是本质的东西。所有的经验都是重要的，每一种经验都有其自身独特的价值，没有什么经验可以被省略掉。一种哲学不仅应具有观念的一致性，更要具有经验的充分性。因此有人称怀特海哲学为"经验的哲学"。

怀特海认为，人类经验不局限于感官知觉，还包括含感官知觉在内的各种经验，包括在下面各种生活情境中发生在人们身上的事件和感受：当他们睡觉时、怀有宗教情感时、情绪强烈或激动时、感到困惑时、感到怀疑时、回忆过去时、憧憬未来时、科学思维时、感受美时。人类经验亦不局限于主动作用于事物或主动解释一个被动的世界，它开始于有意识或无意识地将事件接受进生活中并因而受所接受的事件的影响。这种情况可以通过身体的冥想发生，也可以通过接受其他人或事物的情绪和感受而发生。所有这些经验都能告诉人们一些关于他们自己的事情，其中许多也能告诉人们一些关于宇宙的事情。过程哲学旨在讨论人类经验在其呈现的历史过程中的具体性，可以充分地、全方位地解释人类的经验并帮助人类解释更大的世界。它寻求整合产生自各种不同的人类经验的洞见：科学的经验、审美的经验、道德的经验、精神的经验，它们都是现实世界不同的侧面。科学的经验给现实中需要进行数学

---

① WHITEHEAD A N. Process and Reality（Corrected Edition）［M］. New York：The Free Press，1978：18. 引号中的汉语句子是我根据怀特海的原文翻译的。

分析和可重复性实验的一面提供洞见。道德的经验给现实中人们自己的内在经验这一面提供洞见。这时，人们感到内心受到召唤要去分担他人的命运，认识到其他人亦是其自身生命的主体，有其自身值得尊重的价值。审美的经验给现实中人们内心体验的、看起来美的一面提供洞见，这时人们内心受到吸引要去与其周围的世界和谐共处。精神的或宗教的经验在于给人们现实生活的这一面提供洞见：即当人们内心感觉受到一种更高的力量或更深的自我在召唤时。科学的经验尽管重要，但并非知识的唯一来源，审美的、道德的、精神的经验也很重要，也都是一个内在关联的世界的重要组成部分。当然，所有这些"现实的侧面"并无明显的分界线，过程哲学用一种对科学深度欣赏的态度将所有这些方面统一起来。

怀特海在《过程与实在》中开宗明义，这"是一部旨在论述思辨哲学的论著。……思辨哲学致力于构建一种一致的、逻辑的、必要的一般观念系统，以使经验中的每一种因素都能够得到解释。这里我用'解释'这一概念意指我们在享受、感知、情愿、思考中所意识到的每一件事都应具有这一一般框架中某一具体实例的特征。因此这种哲学的构架必须一致、合逻辑，而就其解释而言必须具有可用性、充分性。这里'可用性'指经验是可以解释的，'充分性'指没有什么经验不能得到这样的解释。……这种思辨哲学的理想既有其理性的一面又有其经验的一面。其理性的一面通过'一致性'和'逻辑性'表达。其经验的一面通过'可用性'和'充分性'表达。但这两个方面是密切关联的"①，应达成平衡与和谐。和谐是怀特海过程哲学中的关键词之一，是一种动态的、创造性的和谐，这种和谐处于向新的、不同的可能性开

---

① WHITEHEAD A N. Process and Reality（Corrected Edition）[M]. New York：The Free Press，1978：3. 双引号中的内容是我根据这段话的英文原文翻译的汉语译文。

放的过程之中，而过程就是经验的生成。理性是人们寻求这种创造性和谐的一种方式，理性的理解本身就是一种与周围的世界密切关联的和谐。理性的任务在于不断深入地探索和了解事物的多个方面的深度，关涉计算、直觉、想象和对日常生活中此时此地此经验的关注。

怀特海说："我们的材料是包括我们自己在内的现实世界，这一现实世界伪装成关于我们的直接经验的主题将它自己展现在观察中。这一关于直接经验的说明是任何思想的唯一理由，其起点是分析对构成这一经验的成分的观察。"① 这段话指向其哲学的经验的一面，当他说我们的主题是伪装成关于我们的直接经验的主题展现它自己的现实世界时，他指的是此时此地此经验自身是一种存在于世界之中的行为，世界不能与经验相分离。他所谓的"我们在世界中，世界亦在我们中"并非在说，世界是想象的一种投射；而是在说，经验的每一瞬间均开始于一种接受世界并受世界影响的行为。他把这称为我们要去经验的世界的"给予性"②。许多西方后现代哲学家强调人类在建构其世界中的作用，认为人类经验的世界必须通过各种符号系统来解释。怀特海认同这种观点，但他还认为，在经验的每一瞬间存在着某种"不可规避的固执事实"③，某种不能被抽象或被还原为符号的东西，如我们呼吸的空气、我们享用的食物、我们身体内感受到的苦与乐、其他人的脸相、植物、动物、山川等。哲学必须赋予世界的这种给予性以意义。在这种意义上，怀特海既是一个经验主义者，又是一个理性主义者；由于理性和经验两者密切相关，因此他努力在他的哲学中使这两者达成平衡。人类的

---

① WHITEHEAD A N. Process and Reality (Corrected Edition) [M]. New York: The Free Press, 1978: 4.
② WHITEHEAD A N. Process and Reality (Corrected Edition) [M]. New York: The Free Press, 1978: 43.
③ WHITEHEAD A N. Process and Reality (Corrected Edition) [M]. New York: The Free Press, 1978: 43.

心灵并不仅仅局限于理智的推理,而且包括感受、直觉、想象,所有这些经验能够共同协作以达成理解。甚至推理也是一种感受的形式,即感受到某些观念的在场并对它们做出回应。如果宇宙是一个连贯一致的整体,其中的每一事件都相互关联,那么一种哲学系统中观念的一致性就是一种欣赏事件之间相互关联性的方式。

在怀特海哲学中,感受或体验(feel/ feeling)具有特别重要的哲学地位和意义。对某一特定的主体而言,体验指一种世界存在方式,在其中,世界上实际存在的各种事物相互内在地关联,事物的这种相互关联性是由人们的体验所引发的一种创造。人可以影响世界,造就世界;同样,世界也可以影响人,造就人。怀特海创造了一个专门的词,"感通"(prehend / prehension)①,来指称个体"受他者影响"并影响他者的体验。体验和感通二词基本同义。其《过程与实在》一书有四章的标题中均含有"体验"(feeling)一词,分别是"体验论"(The Theory of Feelings),"主要的体验"(The Primary Feelings),"体验的传递"(The Transmission of Feelings)和"命题与体验"(Propositions and Feelings)。他认为,受到某一其他事物的影响就是有意识或无意识地去体验它。所有的动在都与其他动在通过体验的过程而相互内在地关联。体验到一个动在即指有意识或无意识地体验其存在,并受到那种动在的影响。在这种情况发生时,他们的体验包括其情绪状态、影响性反应,即

---

① WHITEHEAD A N. Process and Reality (Corrected Edition) [M]. New York: The Free Press, 1978: 19. 关于怀特海的哲学术语"prehend"及其派生名词"prehension"的翻译方式有多种,如"摄入""理解""摄受"等。我比较认同王治河、樊美筠在其《第二次启蒙》一书中对该术语的译法,即"感通"(王治河、樊美筠,2011: 141),因此本书中凡引用或论及该术语处均采用这一译法。

创造性①。创造性即那种每时每刻都会发生的决策行为。"决策"② 源自一个拉丁语词，意为"切断"，即实现某种可能性并因此切断其他的可能性。在这种意义上，创造性无善恶之分，纯粹指所发生的事件之发生本身，它时刻在发生着；它就是正在生成的事物之生成过程本身；世界上的差异正是从这种创造性中产生的。个体经验的本质特征就是创造性。人类作为整体最大限度地体现了这种创造性的能量：人从他人那里接受创造性的奉献，这种接受同许多接受性价值（如食物、水、空气、审美和性快感等）一起构成了其本性的一个基本方面；但是，人同时又是创造性的存在物，需要实现其潜能，依靠自己去获得某些东西；更进一步说，人需要对他人、社会以及自然界做出贡献，与接受性需要及成就需要一样，这种动机也是人类本性的基本方面。例如，在课堂教学的语境中，学生感受其教师，接受其创造性奉献；教师也感受其学生，接受其创造性奉献；他们彼此感受到对方的在场，受其影响并回应所受到的影响。因此，有效地教学要求学生和教师成为一个独立的学习共同体中的一部分，在其中，在教师引导学生学习时，师生双方实际上是在参与一种包括双方自身在内的体验，在欣赏和享受相互之间学习经历的体验。

　　这种个体经验观为我在本书中所努力探寻的英语课程与教学中个体经验的意义和价值提供了有力的哲学支持。从这里出发，我能够看到自己作为一个英语学习者和教师的各种个体经验的价值，能够尊重和欣赏我的学生的种种经验，能够静下心来耐心倾听并真诚回应来自学生经验的声声呼唤：他们的书面反馈、书信、节日贺卡、请假条、手机短信、

---

① ［美］大卫·格里芬. 后现代精神［M］. 马季方，译. 北京：中央编译出版社，1998：223.
② WHITEHEAD A N. Process and Reality（Corrected Edition）［M］. New York：The Free Press, 1978：43.

QQ 聊天记录、微信、电子邮件,他们温暖的问候、慷慨的赞誉、善解人意的理解、坦诚的自我剖析、细致生动的学习状况描述、面对困难与挑战的勇气与执着、直言不讳的批评、直截了当的要求,他们在课堂上的主动与合作、激情与活跃、成功与喜悦、安静与腼腆、困惑与纠结、失望与痛苦、消极与沉默、反感与抵抗,甚至瞌睡与翘课等。这一切都是学生真实的个体经验,都是他们本真的生活经验,反映的是他们滚烫、纯真、坦诚的心!

　　作为完整的人,带着疑惑,带着好奇,带着担心,带着期盼,带着喜怒哀乐,带着他们生活中的以及关于英语和英语学习的种种过去的记忆和影响、经验和感受,学生们走进了大学,走进了大学英语课程,走进了我任教的大学英语课堂。我,一名教大学英语课程的老师,亦作为一个完整的人,带着我自己过去的经验,带着我的计划、期盼和热情,带着我肩负的责任和使命,和我的学生一起走进了我们共同的天地——我们的大学英语课堂,构建起我们师生共有的大学英语教学共同体。在其中,我们在教学中互动,在课堂内外交流,又获得了种种新的感受和感动,创生了许多新的经验。

　　年复一年,日复一日,我投入于、沉浸于一个又一个这样的教学共同体之中,付出着、收获着、参与着、体验着、感受着、感动着、生活着!这样生动的经验呼唤着我!我渴望与更多的人分享、交流这样的经验,渴望有更多的人来关注、同情、支持这样的经验。我读书、寻觅,寻觅能够助我描述和解释这种经验的哲学基础、课程理论和方法论支持。我庆幸,我找到了一种帮助我解释经验的哲学基础——怀特海的过程哲学!如下文将述,我亦找到了一种帮助我解释教学经验的课程理论支持——多尔的后现代课程观,找到了一种可用于研究教学经验的方法论支持——派纳的教学自传研究方法,找到了派纳本人和他的学生王红宇运用教学自传研究方法研究其教育经验的自传研究样例。我兴奋,基于这些哲学、课程理论及方法论，我得以将教学中个体经验者（师生）的个体经验概念化，构建为一种强调师生个体经验的个体体验性英语教学方法论假设——FEELS。

（二）多尔的后现代课程观

支撑 FEELS 假设的另一种理论是多尔的后现代课程观，尤其是其"经验的认识论"。多尔认为，后现代主义（post-modernism）的特点之一，如其英文表达所示，是在超越过去的同时面对过去，新的事物通常是建立在旧的事物之上的。未来并不是与过去的分裂，或是过去的对立面，而更多的是对过去的持续与转化。其特点之二是多元性和折中性。多元主义对传统予以选择和组合，将那些过去与现在之中与当前工作最有关的要素折中起来。其特点之三是解释的多重性。后现代主义面对过去是为了在未来的观点中编织过去的痕迹。为此人们在后现代框架中看到的是一种模体中两种编码的神奇组合。这一模体是自相矛盾的、辩证的、具有挑战性的，是"观点的游戏"（a play of ideas）[①]。通过对传统的选择和结合，后现代主义成为一种精致的组合，与历史、真理和一致性等现代原理相游戏。因此创造和课程应该是多层面的，将技术与人类、已证实的与创新的、严肃的与游戏的相互结合起来。后现代世界对教育的挑战之一便是设计一种既能容纳又能扩展的课程；这种课程通过不平衡与平衡之间的基本矛盾促成新的具有综合性及转变性的再平衡化的出现。对本书而言，后现代主义的重要性还在于，它是支持 FEELS 假设的第二种理论支持。

多尔将后现代思想运用到教育和课程教学领域，提出了一种建设性的、后现代的、经验的认识论，并将其后现代的教学与课程观建立在这

---

① [美] 小威廉姆·E. 多尔. 后现代课程观 [M]. 王红宇, 译. 北京: 教育科学出版社, 2004: 13.

一经验的认识论基础之上。多尔对通常被称为认识论的基本方法提出了强有力的批评。这些方法将人类认识者视为各种信息的被动的接受者,这些信息被称为"知识",从而使认识者成为旁观者,与其生活中更具有情感和意志的一面相脱离。多尔认为,现代西方的教育理论大多预设了对知识的这种理解,因此将教育主要看作一种一代人在课堂上向另一代人提供信息的方式,这种信息是以课程的形式组织起来的。根据这种现代的观点,课程本身是一套针对学生的规则和要求,被强加给他们,不考虑教师和学生作为独立的人的个体经验,不顾他们自己成为完整的人的需要。

多尔认为,就思维方式而言,除了逻辑的、分析的、科学的思维方式以外,还有另一种可与之互为补充的思维方式——隐喻的、描述的、诠释的方式。这两者的主要区别在于:分析性方式是说明的,而描述性方式是解释的。在教学中,教师希望可以通过前者获得讲解的精确性,通过后者保持会话继续。在后者的假设中,对话是开展整个过程的必要条件,没有对话就没有转变。而就激发对话而言,隐喻比逻辑更有效:逻辑是界定性的,帮助我们更清楚地看到我们已经看到的,旨在结束和排除;而隐喻是生产性的、开放性的、启发性的,帮助我们看到我们所没有看到的,旨在引发对话。我们当然既需要逻辑界定也需要创造性想象。通过逻辑和隐喻的相互作用,知识乃至生活成为师生活生生的、被体验的和被发展的个体经验。教师需要将这种相互作用引入教学之中。描述性的方式需要解释。一个好的故事诱发、鼓励、鞭策读者去解释,去与文本对话。好的故事应具有足够的不确定性,以诱使读者参与到对话中来,因为正是不确定性成分促使读者与文本交流,激发读者参与到故事之中,与之对话、会话。教师需要以一定的描述方式讲解课程,从而鼓励学生与教师共同探究,通过与文本对话探讨各种可能性。"开放的、互动的、共同的会话是建构后现代课程的关键。"① 就教学实践而言，会话的开放性表现在接纳、欢迎教学中的每一个个体（师生）参与进来，发表意见或倾听别人的观念，并以各自感兴趣的方式做出回应；其互动性表现在所有的参与者都旨在交流，旨在倾听与发言，旨在呼唤与回应；其共同性表现在每一个参与者都积极参与，都能发出内心的呼唤，收到必要的回应，并能在此基础上使会话达成共识，使教学达到理想的效果。

由此可见，教育不仅仅是一种表达信息的方式，更是一种某一教学共同体中成员之间共同创造意义的活动，其中教师是这个共同体的一部分，起引导作用。教师具备学生可能欠缺的技能和智慧，但其本人也是一个合作的学习者，学生能够感受到这一点。而且必须认识到，学生不是被动的认识者或旁观者，不是被动地接受信息的容器，而是主动的、参与的、创造的另一方，在探寻其自身生活的意义。

学生获取知识的过程不能与其生活中活生生的个体经验相分离，不能与对意义或智慧的寻求相分离。知识只有体现在学习者活生生的体验和感受中才有意义，才能滋养其智慧。FEELS 假设认为，就教学而言，不存在绝对的、终极的普适理论，不存在不可置疑的思想原则或真理。教学应该是批判性的、认识性的、构建性的，即使是最值得珍惜的观念亦需要经过反复考虑和批评，经过回归性反思。首要的是，学习应植根于个体的生活经验本身。在教学互动的过程中，学习和创造来自对话和反思。当教师与学生、学生与学生、师生作为读者与文本之间进行对话并对各种声音进行回应、反思时，当教学中的各方之间进行协商交流时，学习和创造就发生了。在这种协商、交流的过程中，每一个参与交

---

① ［美］小威廉姆·E. 多尔. 后现代课程观［M］. 王红宇，译. 北京：教育科学出版社，2004：11.

流的个体都因其自身独特的个体经验而不可或缺,无论这个特定的个体是教师还是学生。这种尊重和重视教学中个体及个体经验的精神正是FEELS假设以及教学自传研究方法所追求的核心价值。

(三) 派纳的教学自传研究方法

1. 自传研究和教学自传研究方法

自传指的是一种写作手法,旨在叙述作者自己的生平事迹,写出一个真实的、活生生的"我"来。自传研究则是一种质性的社会科学研究方法,遵循人种志研究传统,利用自我及其环境来理解自我与处于同一环境中的他人之间的联系性,对处于文化中的个人自己的经验进行反思性解释,强调研究者自身的主体性,希望更充分地了解自我、理解世界。自传研究方法强调经验和故事在意义寻求和创造中的显著地位,本质上是一种重演经验的故事,通过重演发现意义,通过意义发现世界。自传研究方法认同文学写作的规范——特写、对话、场景、描述、情节、行动、情绪、体验、自省,以呈现世界的层次性和丰富性[①];在自传文本中,笔记、日志、访谈、问卷调查、印刷媒体、互联网等起核心作用。

课程与教学领域的自传研究是一种特殊的自传研究,其特殊性主要表现在传主是课程与教学理论研究者,其提出者是美国的课程理论家威廉·派纳。他把自传研究建立在后现代哲学及认识论基础之上,称之为"课程自传研究方法"(autobiographical method of curriculum),用来研究美国的课程与教学问题。在欧美国家,课程理论与教学理论常常不分彼此,如派纳本人所言,其"课程自传研究方法"是"一种研究和教授

---

① ELLIS C. The Ethnographic I: A Methodological Novel about Autoethnography [M]. Walnut Creek: AltaMira Press, 2004: xix.

课程的方法"①。据此，本书根据论题的需要，将这种研究方法称为"教学自传研究方法"（autobiographical method of teaching-learning）。

教学自传研究方法是一种在个体的教学生活经验中反思自我、探寻自我和确立自我的方法，通过概念化以及概念的结构化，组织和解释教学中师生的个体经验。这种研究可以通过有意识地与自我和与他人一起工作（自我反思和对话协商）来启动和维持，允许被冻结在无意识中的材料浮现出来。如果教师与感兴趣的学生一起明智地、敏感地使用这种方法，便能够帮助融化理智的障碍物或僵化的区域，并允许思想解放运动②，使教学中个体的学生和教师获得解放。具体到本书的研究，即通过本书的假设 FEELS（概念化）以及 F-E-E-L-S（概念的结构化），释放、组织、解释和解放本书传主的个体教学体验。

这种方法包括两个阶段，即自由联想和分析所陈述的经验。在自由联想阶段，个体通过心灵的自由遨游彻底唤起并详细陈述其丰富的生活经验及教学体验，以使它们在陈述中被唤起，得到具体化、形象化、生命化，体现在真实的教学情境中。对所陈述的经验进行分析则可以提示我们注意到平时很少看到的、隐于个体日常生活中的兴趣和偏见，从而恢复个体生活经验的丰富性、生动性和完整性，使它们真实、充分地体现在教学互动中。

具体而言，教学自传研究方法尊重具体存在的学生和教师个体的直觉性、特殊性和复杂性，包括"回溯—前进—分析—综合"（regressive-progressive-analytical-synthetical）③ 四个阶段。政治、经济和文化生活的

---

① ［美］威廉·派纳. 自传、政治与性别——1972—1992 课程理论论文集［M］. 陈玉亭，王红宇，译. 北京：教育科学出版社，2007："前言" Ⅱ.
② ［美］威廉·派纳. 自传、政治与性别——1972—1992 课程理论论文集［M］. 陈玉亭，王红宇，译. 北京：教育科学出版社，2007：84—86.
③ ［美］威廉·派纳. 自传、政治与性别——1972—1992 课程理论论文集［M］. 陈玉亭，王红宇，译. 北京：教育科学出版社，2007：12.

复杂结构聚合到具体存在着的个体的生活中，这些影响也许被埋葬在无意识中，但是却构成了他们的生活现实。通过回溯地、前进地、分析地、综合地工作，一个人开始恢复自己，重塑自我。这是一项启动与教学工作、与某人自己、与他人的辩证关系（而非机械的、被动的关系）的工作，致力于把教学中个体的人（师生）从影响其生活和教学的各种束缚和控制中解放出来，使他们得以愉快、自由地参与到教学对话之中去，创造意义、实现目标。

2. 教学自传研究方法的特点

在本质上，教学自传研究方法是一种帮助人们理解过去和未来如何无意识地影响现在的方法，使用该方法的人是在努力理解自己的行为之源。在理解了过去和未来如何影响自己的现在之后，人就能够获得解放，从而走出自己当前的情境，开放地、自由地面对过去、面向未来。①

但在现实中，课程与教学的研究存在着抽象化倾向，人们注视着被抽象为一个个词语了的教学程序、材料、风格、技术、目标、评价、个体，而不是个体教师和学生的生动的经验和体现在其个体生命和生活中的内心体验和感受。这些词语只是抽象的概念工具，而不是它们所指的具体的个人、现实情境或经验。很多人迷失在概念中，丧失了自我。长期以来，一方面通过压制来自自我内心的、带着疑问的信息，另一方面通过把那些浮现到意识之中的信息引导到社会所赞许的行为上，课程与教学研究领域规划和设计了条件，把注意力从人的内部现实引开，固定在外部世界。它往往关注任何别的地方，如关注公共世界，关注可见的事物，唯独不关注个体的人的内在体验；而且，它用于理解所见之物的

---

① ［美］威廉·派纳. 自传、政治与性别——1972—1992课程理论论文集［M］. 陈玉亭，王红宇，译. 北京：教育科学出版社，2007：11.

意义的方法是通过集中注意外部来理解教育本质的方法。

　　这种抽象的倾向在课程领域中的传统主义的、概念经验主义的以及一些政治和经济取向的课程著作中表现明显。传统主义者往往关注课程和教学的"原理"，即关注那些被认为在某种程度上"无人的"（personless）①、可以以某种独立于特定个体的方式来进行研究和阐明的现象，甚至连个体的概念也往往只是在描述一个抽象观念。这些抽象概念以及对它们的分析仅仅聚焦于所谓的构成课程与教学的结构关系，省略了个体的经验，而事实上那些使用这些原理的个体会赋予其生命。把具体的存在简化为抽象的观念的问题在于它不关心和误解具体的、个体的存在，歪曲了它所支持的人类生活：观念变得大于拥有这种观念的人，变得比具体的东西更真实，变成了解释乃至行动的源泉。由于观念变得比具体的人更"真实"，因此，为了抽象的观念而牺牲具体的人就更加具有可能性和合理性。在这样一种外部导向的文化中，别人对一个人的抽象或客体化常常确实优先于这个人自己的"第一人称主体性"（first-person subjectivity）②，把个体的自我放在角色后面，放在通过无数复杂的社会相互作用而创造出来的社会面具的后面，人成为其自身在公共场合的样子，人类生活中剩余的部分被简化到公共生活中或者被当作私人生活或主观主义抛弃掉。这是一种对事实的倒置。人类生活中最重要的不是有关个体的普遍存在的法则性知识，人类经验中最为重要的是它的独特性乃至怪癖性，在其中，深刻的东西只能在独一无二的领域中找到。科学的规则和抽象不能抓住个体经验的特性，一千张照片放在一起

---

①　［美］威廉·派纳. 自传、政治与性别——1972—1992 课程理论论文集 [M]. 陈玉亭, 王红宇, 译. 北京：教育科学出版社, 2007: 97.
②　［美］威廉·派纳. 自传、政治与性别——1972—1992 课程理论论文集 [M]. 陈玉亭, 王红宇, 译. 北京：教育科学出版社, 2007: 99.

也不会等同于一个行走着、思想着、希望着的人。①

教学自传研究方法旨在越过诸如"课程""教学""个体"和"人性"之类的抽象词汇，注视教学中真实的人（师生）的内部，尽可能诚实地、具体地描述人内部的体验和感受是什么；通过不断求助于话语背后的事实，求助于即时的经验，求助于对人的自我内部的关注，来揭示人真正的情感和认知状况。这并不是说诸如课程材料、教学技巧、政策指示等变得不再重要，而是说，为了进一步理解它们在教育过程中的作用，研究者必须把目光从它们身上转移开一段时间，回到人们的生活中，开始漫长、系统地搜寻人自我内部的经验。②

为了更准确地描写个体的人在教学活动中的个体经验，必须在特定的日子、在特定的环境中描述特定的个体。个体存在于某一天的某个特定时刻的独特性是一个政治、经济和文化力量的复杂的综合结构。可以把这个特定的时刻比作一个有很多侧面的晶体，这些侧面都是在场的和相关的，但是只有当它们是一个单一的、独特的晶体的侧面时才有意义，个体自己的报告（自传）可以部分地揭示这个时刻。教学自传研究方法通过将抽象概念置于个体的生活情境中来改造抽象概念，寻求从抽象概念中获得解放，从而恢复直接的个体经验、恢复个体的自我体验。通过以第一人称关注和描写某一个特定的个体，即"我"，在某一特定的日子、特定的环境中的特定的内在经验，使"我"的心声得以倾诉、得到倾听，使"我"的自我得以从意识的控制中解放出来，获得自由。

---

① [美] 威廉·派纳. 自传、政治与性别——1972—1992课程理论论文集 [M]. 陈玉亭，王红宇，译. 北京：教育科学出版社，2007：99—105.
② [美] 威廉·派纳. 自传、政治与性别——1972—1992课程理论论文集 [M]. 陈玉亭，王红宇，译. 北京：教育科学出版社，2007：8—9.

3. 理论基础

哈贝马斯的批判理论、现象学、存在主义等后现代思想可以为教学自传研究方法提供哲学支持，弗洛伊德的精神分析学，伽达默尔、尼采、海德格尔、福柯和德里达等的相关学说则可以从不同的角度为教学自传研究方法提供心理学支撑。

例如，存在主义将个体的人的存在本体化，认为先有个人的存在，然后才有人的本质；不存在绝对真理，真理总是与个人基于直觉、内省、情感的判断相关，个人只有通过其自身的这些个体经验才能认识，这就充分肯定了个体经验的价值。在教育上，存在主义拒斥将教育视为社会工具的传统观念，主张教育为个人而存在，意在教个人自发地、真实地生活。教学自传研究方法将存在主义的这种基本精神内化于其课程与教学观念之中，认为学校应创建良好的人际关系和自由的、能够使人的个性充分展露的环境；课程与教学应旨在提升个人的自我意识、开发个人的存在经验。

再如，德里达对话语与写作的区分以及他对写作作为一种将具体抽象化的中介的重视为教学自传写作的必要性提供了支持。他认为，书写可以将自身与本原分离，将个体经验抽象出来；当本原消失时，书写下来的东西作为中介仍能保存。冲动、本能、记忆、梦想的万花筒在此得以形象化、理论化，作为故事被以书写的形式讲述出来。教学自传研究方法认真地对待这一自我形成、变形、学习与忘却的写作任务。由于口语呈现出大众文化转瞬即逝的直接性，因此，如果仅仅或主要通过口语进行的话，教学自传便要冒被贬低的危险。教学自传写作，可以从高处观察新的风景、新的构造，尤其是那些被学校所排斥的景观。通过写作，教学自传成为师生自我的建构，建构并解构自我对自己及他人的存在，建构一个随我们说话、倾听、阅读与写作的过程而进行创作的自我。

不过本书此处要展开讨论的是哈贝马斯的批判理论以及弗洛伊德的精神分析学为教学自传研究方法提供的支持，因为这两者虽从不同角度，但都在拒斥科学主义的同时，关照被主流的科学与技术话语压制、遮蔽和忽视的个体及个体经验的价值。

（1）哈贝马斯的批判理论

派纳首先对美国现代课程与教学理论及实践做出了批判。认为迄今为止，学校教学实践要么是工厂模式，要么是公司模式，前者是泰勒的课程理论及其实践模式，后者是施瓦布的课程理论及其实践模式。两者都追求效率和标准化教学。课程的设计和教授就像流水线上的产品，教师被降为操作机器的工人。派纳认为，课程与教学研究领域既不是科学的，如泰勒模式，也不是技术的，如施瓦布模式，课程与教学理论研究必须尝试超越这些模式。教学自传研究方法是这种研究可能采用的方法。对此派纳借助哈贝马斯的批判理论做出了阐述。

哈贝马斯说："科学哲学是用科学的科学式理解而获得的方法论。'科学主义'的意思是科学对它自己的信仰；就是说，确信我们不再能够把科学理解为可能知识的一种形式，而是必须把知识认同为科学。"[①]这就是说，根据科学哲学，科学是唯一的、绝对正确的真理，是衡量什么是、什么不是法定知识的唯一标准。认识论变得只关注科学认知，成为一个涉及日益微妙的人类行为控制的技术取向。工业社会是一个不断扩大用技术控制自然规模，不断改善用社会组织对人及其相互关系的管理的体系，"在这个体系中，科学、技术、工业和管理构成了一个循环的过程。在这个循环的过程中，理论与实践的关系更多地表现为对有经验科学保障的技术的有目的的、合理的使用。科学的社会能量被简化为

[①] [美]威廉·派纳. 自传、政治与性别——1972—1992课程理论论文集[M]. 陈玉亭，王红宇，译. 北京：教育科学出版社，2007：81.

技术控制的力量"①，实践被简化为简单的机械加工过程，参与实践活动的人也被抽象化、客体化，成为没有生命的机器或物体。

具体到教育领域就是说，传统的以科学为依据的课程与教学要求旨在确立唯一正确的、普适的课程知识和教学条件与程序，它们适用于所有的教学情境，既不必考虑过去的影响，也无须考虑未来的可能性，不会因时间、地点、人物或条件等的变化而变化。教学实践成为一个技术问题，被简化为流畅、一致的课程开发、设计、实施和评价等标准程序，是一个机械的在机器上加工产品的过程，教师是机器的操作者，学生是教师通过往机器里添加物品（普适的知识）而加工出来的产品，教学只需按照规定的、准确的规章制度完成预设的教学目标，不需要人们彼此之间的交流与互动。师生的行为被看作可预测、可控制的科学材料与程序，不涉及善恶美丑等伦理范畴或喜怒哀乐等情感因素，不涉及师生作为活生生的人的丰富、生动、不确定、可创造的个体体验。教学中真实情境的特征、体验的性质、伦理的维度、美学的视角等，都消失在程序中。

这种把实践认同为技术的做法以一种深刻的方式表达了课程与教学研究领域的状况。该领域的传统主义者认为，课程与教学理论的功能是指导实践：课程开发、设计、实施、评价。这种指导是技术的，其含义是，有充足的课程与教学理论可以被运用到实践的情境之中，把它们从无序的、潜在的混乱情境转变为程序流畅一致的教学情境。他们试图以某种系统的方式来书写实践，但写出来的却是关于技术的文章。虽然这些作品在技术方面并不总是，也不可能总是精密的，但其非人格化、普遍化和程序化的做法表明它起源于技术精神。在教学实践中，传统的学

---

① ［美］威廉·派纳. 自传、政治与性别——1972—1992 课程理论论文集［M］. 陈玉亭，王红宇，译. 北京：教育科学出版社，2007：80.

校教育是一个剥离于生活的、客观的、冰冷的科学世界，在其中，教学是一种以学科课程为中心从事知识技能训练与强化的过程，师生之间是一种权威与服从的关系，学生与学生之间是一种竞争（而非合作）的关系。概念经验主义者更进一步地将课程与教学研究推向了客观化、抽象化、程序化。他们同样从一种科学的视角出发，认为传统的课程结构不够严格、过于偶然，需将课程与教学置于更严格、更系统的量的研究中。由于传统主义者往往是非理论的，因此无力反击这些指控。教学实践开始更加紧密地与技术相一致，个体体验中偶然的、不确定的创造性受到更为严格的控制，课程与教学语言被进一步简化为程序化的客观语言，具有去人性、非时间、非历史、非事件等特点。再概念化主义者们基本上注重对课程领域中这两种倾向的综合批判，批判这一领域沉浸于理解和行动的伪实践性与技术性模式中。①

哈贝马斯认为，这种情形是受自然科学和主流社会科学的理智控制的结果。他通过区分三种认识兴趣而努力拉开他自己与这种情境的距离：技术的认识兴趣、实践的认识兴趣和解放的认识兴趣，经验—分析科学的方法包含着技术的认识兴趣；历史—解释学的科学方法包含着实践的认识兴趣；批判取向的科学方法包含着解放的认识兴趣。每一种兴趣都与人类生活的根本维度相联系，但解放的兴趣最为基本，因为技术的和实践的兴趣只有在解放的、自由的、公开的交流成为现实的条件下才能够获得。这样的条件要求有一个开放的、自我反思和自我批判的研究者共同体。解放兴趣的观念，即批判的社会科学，为社会科学发挥具有解放效果的批判功能提供了认识论的基础②。

---

① ［美］威廉·派纳. 自传、政治与性别——1972—1992 课程理论论文集［M］. 陈玉亭，王红宇，译. 北京：教育科学出版社，2007：80—84.
② ［美］威廉·派纳. 自传、政治与性别——1972—1992 课程理论论文集［M］. 陈玉亭，王红宇，译. 北京：教育科学出版社，2007：81—82.

基于哈贝马斯的解放的认识兴趣,派纳认为,课程领域应把注意力放在其中基于历史来确认的至关重要的事情上,必须通过检视其基于技术兴趣的假设,来批判主导的倾向;必须允许别人对传统主义(泰勒)的、概念经验主义(施瓦布)的以及再概念化主义的课程理论进行综合。这样,最终出现的将是一个通过超越这三种模式而获得解放的、从所有的人手中创造出来的课程与教学理论研究领域。在派纳眼中,课程设计的思想旨在操纵教育环境,以便保证实现其预定的结果:寻求它自己的能动性,保证他者的被动性;这在伦理上是成问题的,在理智上是空洞的。① 一个明显但一般不为人所意识的事实是,除了在微小的事情上和在人为控制的环境(如实验)中,人们不能预测人类的反应。因此一个人不可能十分准确地预测他的听众的反应,如果认为一个人能够设计和预测经验,那就是狂妄自大。作为教学自传研究方法的主要代表人物,派纳一直在发展着这样一种潜在的观念:课程与教学研究要想真正为别人提供一种解放的可能性,那它就必须解放研究者自己。教学自传研究方法可以帮助研究者认识到,世界既是人类生活中受制约和被选择的原因,也是人在生活中主动创造的结果;客观的物质世界与人的主观世界是内在统一的,人与自然是和谐一致的;在其中,人的个体经验有其独特的价值,应该允许它在意识的任一情形中浮现、释放或有机会保持,从而对个体有意识的目的敞开。这从本体论(个体经验哲学)的高度肯定了 FEELS 假设中强调的个体经验的价值。教学自传研究工作追求使学校教育成为师生真正的、共同的生活世界,在其中,师生可以作为独立的主体进行自由、平等、民主的相互交往,教学是个体经验提升和师生之间进行对话、交往的过程;允许个体通过自我反思和对话

---

① [美]威廉·派纳. 自传、政治与性别——1972—1992 课程理论论文集[M]. 陈玉亭,王红宇,译. 北京:教育科学出版社,2007:117.

协商而有意识地与其自我和与他人一起工作来启动和维持，允许被遮蔽、被控制、被冻结在无意识中的个体经验浮现出来。如果教师与感兴趣的学生一起明智地、敏感地使用这种方法，便能够帮助融化理智的障碍物或僵化的区域，允许思想解放运动[①]，从而使师生及其丰富的个体经验获得解放与自由，向新颖性和可能性开放。

哈贝马斯认为，理论永远都不能被直接用来证明实践的正当性，因此，理论与实践之间需有必要的中介：理论陈述——构成和完善坚持科学对话的批判理论，以进行真正的理论陈述；获得认识——组织启蒙过程，进行恰当的战略选择，以得到真正的认识；做出决策——解决战略问题，领导政治斗争，以做出英明的决策。批判理论可以在启蒙过程中得到运用，并且可以采取独特的方式在具有既定目标的既定集团（如为实现某些教学目标而进行教学活动的学校班级）中，在启动反思的过程中得到检验。如果要求理论陈述对决定该做什么、不该做什么提供绝对权威，那么理论和实践就都被扭曲了。实际行动不能僵化成在这些行动之前形成的原理和概念，并假定得到了逻辑的和经验的合理化。政治斗争的各种决断不能事先从理论上加以论证，然后从组织上加以贯彻实施。政治斗争唯一可能的论证就是，参与对话的人在实际对话中可以获得共识，不过，获得何种共识具有不确定性。

就课程与教学而言，就是说，关于教学中该教学什么、不该教学什么以及如何教学等的决策不能事先由课程与教学理论研究者在理论上加以论证，形成一致的、确定的、唯一的标准，然后交由学校师生在教学实践中贯彻实施。相反，关于课程与教学唯一可能的论证是，参与教学活动的所有个人在实际的教学对话和协商中可以达成共识。而且，由于

---

① ［美］威廉·派纳. 自传、政治与性别——1972—1992 课程理论论文集［M］. 陈玉亭，王红宇，译. 北京：教育科学出版社，2007：84—86.

教学活动中的师生及其个体经验的独特性、多样性和丰富性，他们在对话和协商中可能达成何种共识则是不确定的、不可预测的、不可控制的，因此课程与教学的目标必然具有不确定性和灵活性。

哈贝马斯关注看起来内在于个体体验中的不确定性：作为个体，人似乎永远也不可能完全知道启蒙真的已经发生过了，而且它毫无疑问已经把人从过去的限制中解放出来并且启动了真正的自我反思。因此在某种程度上，评价批判是否成功总是尝试性的。① 批判旨在洞察过去。当它启动一个自我反思的过程时，它是在回溯过去；通过自我反思，就有可能意识到过去的强迫与控制并从中获得解放。自我反思的实践后果是态度的变化，这些变化理所当然地产生于对以往的因果关系的认识。

派纳认为，一个对其经验不断进行自我反思性检视的人，即使外界环境强制其进行在某种程度上并不适合的战略行动，也会沟通自我与自我、自我与他人之间的关系。任何对抑制个体发展的知识的使用都表明认知者与认知对象之间是一种奴役的关系，在这种情况下，所产生的知识性质和所采取的战略行动的性质就必然是奴役的。知识的生产对课程与教学领域的发展十分重要。然而，如果这种生产源于停滞的目的而非解放的意图，那么课程与教学研究领域的状态就是受抑制的，课程与教学历史上那些极其重要的运动就不会发生。为了让运动发生，必须把注意力从技术和实践上转移，强调解放的观念。② 课程与教学理论研究者应致力于不断地、仔细地、坚持地扩展受局限的思维，这种努力的一部分必须是批判的和历史的。必须同时开展批评的和历史的研究，在其中，理论研究者必须把其注意从已经存在的事物上转移开，并开始注意

---

① ［美］威廉·派纳. 自传、政治与性别——1972—1992 课程理论论文集［M］. 陈玉亭，王红宇，译. 北京：教育科学出版社，2007：87—89.
② ［美］威廉·派纳. 自传、政治与性别——1972—1992 课程理论论文集［M］. 陈玉亭，王红宇，译. 北京：教育科学出版社，2007：89—90.

尚不存在的事物。而且，由于传统受到怀疑，必须创造出新的言说方式。

辩证的概念可以最简洁有力地表达发展是如何集体地和个体地发生的。对立的思想、力量或个体以辩证的方式相遇，即允许每一方为了双方的转变而放弃自己，以达到一个充满希望、更全面、不那么狭隘的观点。新的信息被整合进旧的信息之中，从而允许个体以更微妙、更明智的方式来理解自己、理解环境、理解自己与环境的相互关系。因此，课程与教学理论研究者应充当某些普遍的主题和倾向的对立面，使自己的自我研究和自己与自我、自我与他者的关系中包含一种正题与反题的张力，论证其理论研究，其与同事、与学生、与所在领域的社会的和理智的关系。为了启动和维持这样一种理智状态，理论研究者必须愿意不断地转变自己、重塑自我、更新自己的观点，与时俱进。原因在于，观点始于不成熟，说明发展；当它成熟的时候，它与现有观点和传统观点之间的联系开始淹没在它自己的独特性之中。成熟的观点与其他已形成的观念之间有联系，但它表现为一种理智自治。正是在这个阶段，特别是在这个观念已经赢得了广大的听众，并且研究者们也开始详细地描述它的含义的情况下，理论研究者常常会被诱入歧途，开始在理智上被困，不管这种被困的状态对这个人自己还是对别人是多么有用。这反映了个体经验的局限性。因此，在课程与教学理论研究领域，证明连续不断地发展特别重要。教学自传研究方法代表一种对培养内在辩证的呼吁，呼吁以一种引起深层反思、理解和转变的方式来检视教学中的人们对自己、对他人、对文本、对观念、对环境的反应[①]，因此可以以一种新的言说方式——教学自传——来帮助师生个体通过自我反思克服其个体经

---

① [美]威廉·派纳.自传、政治与性别——1972—1992课程理论论文集[M].陈玉亭,王红宇,译.北京:教育科学出版社,2007:109—110.

验的局限性,启动和维持发展。

"自我反思由一种解放的认识兴趣所决定"①,精神分析学可以为这种解放性提供一个例证,因为精神分析的结构及其自我反思的基础与解放的认识兴趣相关联。

(2) 弗洛伊德的精神分析学

教学自传研究方法旨在帮助人们理解过去和未来如何以无意识的方式对现在产生影响。注重自由联想和自我反思的精神分析学可以为教学自传研究方法提供重要的心理学支持,因为精神分析既是一种神经症的治疗方法,又是在医疗实践中逐渐形成的一套心理学理论,更是一种重视个体无意识经验的自我反思方法。

"无意识"是精神分析学说的基本概念,它是相对于"意识"而言的。"意识"指一种心理状态、心理内容或行为体验:"就心理状态而言,'意识'意味着清醒、警觉、注意集中等。就心理内容而言,'意识'包括可用语言报告出的一些东西,如对幸福感的体验、对周围环境的知觉、对往事的回忆等。在行为水平上,'意识'意味着受意愿支配的动作或活动,与自动化的动作相反";"无意识"则指"个体不曾察觉到的心理活动和过程……包括大量的观念、愿望、想法等,这些观念和愿望因为和社会道德存在冲突而被压抑,不能出现在意识中"。②

---

① [美]威廉·派纳. 自传、政治与性别——1972—1992课程理论论文集[M]. 陈玉亭,王红宇,译. 北京:教育科学出版社,2007:82—83.
② 彭聃龄. 普通心理学(修订版)[M]. 北京:北京师范大学出版社,2004:168.

根据弗洛伊德的"冰山理论"①，人的精神分为意识、潜意识和无意识三个层次，意识"只占人的心理很小的一部分，大部分的心理活动或过程是无意识的"②。无意识是人的经验的大储存库，由人的原始冲动、本能和许多被忽视、被压抑或被遗忘的欲望组成。具体而言，无意识成分指那些在通常情况下根本不会进入意识层面的东西，比如，内心深处被压抑而无从意识到的欲望、秘密的想法和恐惧等。弗洛伊德认为，意识是人类理智的作用，而无意识则是生物本能的作用。生物本能表现为无意识的冲动，出于无意识层面的原始冲动、本能和欲望，虽然由于社会标准不容许，得不到满足而受到意识的排斥、忽视或压抑，但它们并没有消灭，而是仍潜伏在无意识的深层中积极活动，成为人的动力基础，主动地对人的性格和行为施加压力和影响。如果人早期的冲动强烈，受压抑的创伤严重，就会形成神经症。为了治疗神经症，弗洛伊德主张用自由联想法来帮助患者追忆早期创伤的形成，并通过倾诉和交谈，"挖掘一个人所没有说出的、所不知道的，以及这个人所曾经是而现在不再是的方面"③，宣泄出内心的积郁，达到治疗的效果。在治疗的过程中，病人必须在自己的内心体验一种自我反思过程，即一种获得意识的过程，其核心是病人自己对其过去的联想、回忆和重建。④

---

① "冰山理论"：弗洛伊德在其人格理论中将人的心理分为超我、自我、本我三部分，超我往往是由道德判断、价值观等组成，本我是人的各种欲望，自我介于超我和本我之间，协调本我和超我，既不能违反社会道德约束又不能太压抑。与超我、自我、本我相对应，他将人的心理结构划分为意识、前意识、无意识三个层次。他认为人的人格就像海面上的冰山一样，露出来的仅仅是一小部分，即有意识的层面；剩下的绝大部分是处于无意识层面的，而这绝大部分在某种程度上决定着人的发展和行为。所以弗洛伊德把他的精力主要用于对人的无意识的研究。
② 彭聃龄. 普通心理学（修订版）[M]. 北京：北京师范大学出版社，2004：169.
③ [美]威廉·派纳. 自传、政治与性别——1972—1992课程理论论文集[M]. 陈玉亭，王红宇，译. 北京：教育科学出版社，2007：161.
④ PINAR W E. Autobiography, Politics and Sexuality [M]. New York: Peter Lang, 1994: 88.

教学自传研究方法致力于把人从政治的、文化的和经济的影响下解放出来，这些影响也许被埋葬在无意识之中，教学自传研究方法旨在通过自由联想和自我反思，引出并关注那些受忽视、受压抑的，可能没有被体验过的无意识元素，使人能够扩大和丰富关于自我的感受，从而重新考虑认同感的问题，重新认识自己，接纳自己。教学自传研究的过程就是一种"为了发现某人自己被社会所局限或被当前环境所压制了的元素而对自己的体验进行研究的过程"①。对自我认同感的研究使我们能够描述外在因素如何在我们的身体里、思想里、日常话语里和行为里得到内在的体验。

教学自传研究方法将关于我们曾经是谁、我们现在是谁和我们将变成谁的知识建构成为一个故事或文本。在这种意义上，教学作为为了与年轻人对话而对这种知识的建构和重建，成为一种社会心理分析形式，通过逐渐揭示过去而转变现在。② 教学自传研究是探究这样的教育主题的一种重要途径。如果课程与教学理论家和学校教师能够交朋友，这样就能在课程与教学的理论研究和实践探索之间搭建桥梁，创造通道，以便从这里旅行到那里，然后再回来。如果他们双方在旅程中都能有所拓宽、深化和生动化，那么一个扩大的、深化的理论领域就能够支持一个更明智、更生动的实践领域。③

在派纳这里，"课程不是由学科（subject）组成的，而是由主体（Subject）、主体性组成的。课程的开展就是建构自我、建构主体性生

---

① ［美］威廉·派纳. 自传、政治与性别——1972—1992 课程理论论文集［M］. 陈玉亭，王红宇，译. 北京：教育科学出版社，2007：31.
② ［美］威廉·派纳. 自传、政治与性别——1972—1992 课程理论论文集［M］. 陈玉亭，王红宇，译. 北京：教育科学出版社，2007：197—200.
③ ［美］威廉·派纳. 自传、政治与性别——1972—1992 课程理论论文集［M］. 陈玉亭，王红宇，译. 北京：教育科学出版社，2007：202—203.

活体验的过程"①。教育中个体的理智活动或思想运动非常依赖存在的某种开放性和流动性。这种运动辩证地与文化的运动相联系，可以通过有意识地与自我和别人一起工作来启动和维持。对教学中个体的学生而言，其思想运动通过书本和其他媒体中的文字发生在这个学生与他人——教师和其他学生——的关系中，发生在其个体生活史的情境中，这就是其教育经验。教学自传研究方法就是在这个意义上研究人们真实的个体教育经历和体验，研究教学在个体教育经验中的作用。②

4. 学术价值

尽管课程与教学研究传统上呼吁要关注个体的需要，但课程与教学的学术研究总体上缺乏这样一个视角，文献中没有对文本、教师、学生的个体经验进行具体描述。

教学自传研究方法为课程与教学研究领域提供了这样一个前所未有的关于个体经验的观点，并在它之中嵌入了"生活经验"③的政治、经济、性别、理智等维度，这些维度中的每一个在个体具体的日常生活中都得到了实现。可以说，教学自传还具有政治功能：人们把视线从自己身上移开了，其角色或需要常常是虚假的，逐渐成年的过程是一个把自己丧失在角色中，丧失到一个人际的、经济的和政治的影响的复杂的结构中的过程。虚假的自我体系与一个压迫性的经济体系有着意味深长的联系。反抗压迫必须对社会经济体系、对霸权和它们在自我体系中的位置进行分析。在对经验的反思性分析中，自我认知中的个体力量对解放运动来说是一个虽然不充分但却必要的条件。教学自传研究方法中寻求

---

① ［美］威廉·派纳. 自传、政治与性别——1972—1992 课程理论论文集［M］. 陈玉亭，王红宇，译. 北京：教育科学出版社，2007：175.
② ［美］威廉·派纳. 自传、政治与性别——1972—1992 课程理论论文集［M］. 陈玉亭，王红宇，译. 北京：教育科学出版社，2007：86—87.
③ PINAR W E. Autobiography, Politics and Sexuality［M］. New York：Peter Lang，1994：130.

解放的反思的个体是真正的进步文化的守护者，尽管他们可能是尝试性的和易受伤害的，但其个体意识不能为了达到集体的目标而被牺牲掉。①

派纳认为人在理智上是有活力的，人的观点处在不断转变之中，这是他用教学自传研究方法研究课程与教学的部分原因；派纳不仅把人的精神生活而且把其生活本身当作某种深刻的实验，正是这种观点将他吸引到用教学自传研究方法研究课程与教学的工作中。② 教学自传研究方法尊重具体存在的学生和教师的直觉性、特殊性和复杂性，但它不仅仅局限于对课程与教学的研究，教师发展和教师教育方面的研究也显示了其影响。③

然而，艺术和科学领域的同事往往轻蔑地看待课程与教学研究领域的自传工作及自传学术作品，认为它们是原始的。派纳认为，他们的一个错误是忽视了自传工作所揭示的教育研究的本质：课程与教学研究不仅对用一致同意的形式表达出来的理智的和心理的发展感兴趣，更对它的发展过程感兴趣。在某种意义上，可以把这种兴趣比作精神分析对无意识的关注。教学自传研究不仅对有才气的专著感兴趣，而且对它的历史、它在学者生活中的起源、它与该学者生活中的事件的关系感兴趣。通过检视观念在形成它的个体生活中的历史，可以开始理解理智发展的本质，理解个体学习的过程，理解人们变得较少狭隘性、更通情达理和更有人情味的过程。④

派纳认为，由于专业化，课程与教学研究领域把自己的任务看作训

---

① [美]威廉·派纳. 自传、政治与性别——1972—1992 课程理论论文集 [M]. 陈玉亭，王红宇，译. 北京：教育科学出版社，2007：120—122.
② [美]威廉·派纳. 自传、政治与性别——1972—1992 课程理论论文集 [M]. 陈玉亭，王红宇，译. 北京：教育科学出版社，2007：111.
③ [美]威廉·派纳. 自传、政治与性别——1972—1992 课程理论论文集 [M]. 陈玉亭，王红宇，译. 北京：教育科学出版社，2007："前言"Ⅱ.
④ [美]威廉·派纳. 自传、政治与性别——1972—1992 课程理论论文集 [M]. 陈玉亭，王红宇，译. 北京：教育科学出版社，2007：111.

练专业人员，所传授的东西是技能，而不是一种更概括的对待个体经验的态度。教学自传研究则是对这种观念和行为的一种温和的抗拒。从教学自传研究方法的视角来看，课程与教学研究领域的任务涉及允许一个人自己或者与别人一起在辩证的过程中转变自己的观点。这种可能性是令人惊讶的。它可能产生一种精神，培养这种精神涉及关注一个人与其工作之间的关系，关注这种关系怎样对这个人起作用，以及放弃对评价别人的迷恋。对别人的评价可以留给别人去做。必须把目光从别人身上移开，尝试着近距离地关注和检视自己的内部经验。要尽可能紧密地、忠诚地关注自己在学校及班级里的直接经验，尽可能忠实地描述并试图理解这一经验。尽管这类研究工作可能是试验性的，但它们不会是无序的或孤立的，它们提倡对经验进行逼真的研究，在其中，理论阐释与经验描述辩证地相联系。①

在派纳眼中，课程设计的思想是错误的，因为人们不可能预测和设计教育经验。以课堂教学情境为例，虽然课堂肯定进行了人为的限制，但这种限制不足以使教师能肯定地、精确地知道其教学将得到怎样的反应。教师说的话不是仅仅在它们被述说的情境（教师的个体生活情境）中被听到，而且也在它们被倾听的情境（倾听者即学生的个体生活情境）中被听到，而学生与教师的生活是非常不同的，学生与学生之间也存在着巨大的差异。即使那些听教师讲课的学生大体上年龄相当，并且有可能面对着共同的发展问题，教师的话语也是经过每一个学生个体的兴趣和偏好的过滤之后才被听到的。教学自传研究方法认为，教师的个性必须在其教学计划中得到保留，强迫他们遵从预设的、"科学的"教学计划，强迫他们制定统一的行为目标，只能使其课堂非人格化，使

---

① [美] 威廉·派纳. 自传、政治与性别——1972—1992课程理论论文集 [M]. 陈玉亭，王红宇，译. 北京：教育科学出版社，2007：112—113.

他们与其教学、教材、学生相疏远。教学研究工作应该是非预设的，应该通过个体教师写作关于其兴趣和特定学生的文章而进行，应该尽可能保持其非正式的和个体的性质，以允许和鼓励每一个教师和每一个学科根据自己的选择形成自己的课程。师生在教学中一起工作，分享相互的存在，观察伴随其谈话的手势和情绪状态，可以帮助学生参与其课堂经验的形成中。那些独特、不可重复、蕴含着趣味、具有启示性的东西，是特定的个体在特定的时间和特定的空间里产生的特定的、持续不断的个体经验。①

教学自传研究方法关注的一个焦点是人（教师或学生）与课程的关系，或者说是认知者与认知对象的关系。它允许对人的内心进行诚实的、公开的和有效的观察，注重检视教育情境中的人有什么样的反应。这里反应指的是教学情境中以下几方面之间的互动与相互影响：教师与学生之间、学生与学生之间、师生作为特定的读者与文本之间、师生作为特定的教学情境中的特定的个体与其内在自我之间的互动与相互影响。这种研究常常像是一次从惯常的、惯例的、理所当然的所在走向不熟悉的、更为无意识的、不确定的地方的旅行。实验的心态暗示着一种尝试的意愿，一种向未知事物的开放性。② 在教育领域，这种类型的理论化和研究几乎没有先例。

不过，有批评者认为，教学自传研究具有冒险性和不确定性，且需要很强的心理及精神分析等方面的专业技能，难以在学校教学中由师生进行。教学自传研究方法以现象学的"面对事实本身"的精神作为其课程与教学理论研究的基本精神，以其悬置法作为课程与教学探究的基

---

① ［美］威廉·派纳. 自传、政治与性别——1972—1992课程理论论文集［M］. 陈玉亭，王红宇，译. 北京：教育科学出版社，2007：114—116.
② ［美］威廉·派纳. 自传、政治与性别——1972—1992课程理论论文集［M］. 陈玉亭，王红宇，译. 北京：教育科学出版社，2007：140—141.

本方法论，认为传统的课程理论研究盲目迎合教学实践工作者（学校教师）的需要而探求课程开发的模式，导致"反理论"倾向；主张课程与教学理论工作者中断与教学实践工作者的联系，将教学实践"悬置"起来，通过"反省"确立"纯粹的课程理论"。这种主张不免偏颇、极端。①

5. 研究过程

具体而言，使用教学自传研究方法进行研究包括四个阶段，即回溯（Regressive）、前进（Progressive）、分析（Analytical）和综合（Synthetical）。

（1）回溯

为了确定我在哪里、我处于什么时刻，必须定位过去。定位意味着辨别，即把过去分辨出来；分辨意味着看平时忽视的或被视为理所当然的东西，然后把自己从中解放出来。当过去显现出来的时候，现在就被揭示出来了。由于教学自传研究关注的中心是个体的教育经历，因此要回到开始接受学校教育的时候，特别注意自己过去在学校中的生活，即与过去的学校老师、与书本、与其他和学校有关的人与物在一起的生活。再次进入课堂，观察我的老师、我的同学、我自己、我所做的事情。更重要的是把关注点聚集到自我身上：我是怎样做这些事情的。观察并记录，包括当前对所观察的事物的反应。我过去在学校的学习生活，它静止地存在着，在那里、在过去，用语言记录它，即将它概念化；在这里、在现在，通过打印回溯文稿而把过去带入现在。词语连接起来形成一幅照片，把照片摆在自己面前，研究它的细节，研究它的字面意思以及自己对它的反应，这提示了过去与现在的联系。② 这个阶段

---

① 张华. 经验课程研究 [D]. 上海：华东师范大学，1998：52—82.
② [美] 威廉·派纳. 自传、政治与性别——1972—1992 课程理论论文集 [M]. 陈玉亭，王红宇，译. 北京：教育科学出版社，2007：16—17.

的要点是观察并记录过去的运作,但不要试图诠释所观察的事物,因为诠释会打断过去事物的浮现①。概括而言,教学自传研究的第一步就是"回溯到过去,返回到现在"②。

(2) 前进

在前进阶段,我以另一种方式来注视,注视还不是事实的东西:自己在一间也许稍微发暗的屋子里坐下来,坐在书桌前一把舒服的椅子上,拿着笔,闭上眼睛,深呼吸,放松。放松之后,开始思考未来。既然我们的兴趣是教育经历,所以要轻轻地把注意力拉回到与自己的教育生活或学校生活有关的事情上,自由联想,记录下想起的东西,但要避免使用理性、逻辑和批判,避免判断和评价;允许那些通常被遮蔽的、对尚不存在的东西的幻想显现出来;描述它。当抵制出现时记录下其内容和性质,不要强制这个联想的过程。为了降低临时的偏见或成见可能导致的对所得照片的歪曲,可以延长这种想象未来的实验。这样,可以形成一张关于未来的照片。前进阶段到此结束。通过这一阶段的自由联想可以发现,在过去即是现在的同样意义上,未来也是现在。它以复杂的方式影响现在,形成现在。③

(3) 分析

分析包括两个步骤,一是给现在拍照,分辨出传记的现在。对很多人来说,现在被编织进制度生活的结构之中。分析在制度生活的当前形式中,那个具体体现在我所工作的学校里以及与我共处的同事和学生身

---

① [美] 威廉·派纳. 自传、政治与性别——1972—1992 课程理论论文集 [M]. 陈玉亭,王红宇,译. 北京:教育科学出版社,2007:15—16.
② PINAR W E. Autobiography, Politics and Sexuality [M]. New York:Peter Lang,1994:24. 这句话的原文是:"…the regression to the past and the return to the present." 我对这句话的翻译不同于陈玉亭和王红宇翻译的译本《自传、政治与性别——1972—1992 课程理论论文集》中此句的译文。
③ [美] 威廉·派纳. 自传、政治与性别——1972—1992 课程理论论文集 [M]. 陈玉亭,王红宇,译. 北京:教育科学出版社,2007:18—19.

上的现在是什么？我的情感状况是什么？我的理智兴趣是什么？我被吸引到什么思想、哪个学习或研究领域、哪个学科？我排斥什么？列举并描述这些吸引我的事物，但不要加以诠释。就像我自己是一部照相机一样给现在拍照，要包括自己在现在之中拍照的情景以及自己对这个过程的反应，形成一张关于现在的照片，即形成传记的现在；这张照片不包括过去和未来，但要包括对它们的反应。二是并置并研究关于过去、未来和现在的三张照片。它们的个别性是什么？它们为什么是那个样子？它们表达了什么基本的主题？它们之间复杂的、多维的关系是什么？未来如何存在于过去之中，过去如何存在于未来之中，以及现在如何存在于过去和未来之中？①

（4）综合

这时，我把关于我的过去、现在和未来的三张照片放置在一起，形成一个概念完形，仿佛我的自我的一面镜子。然后我对照这面镜子，具体地看着自己的身体，因为身体可能是所有发生在其中和通过它而发生的事件的具体显示；同时思考：我是谁？现在的意义是什么？我的学术的和专业的工作对我现在的贡献是什么？我的观点是什么？我是否能够看到它与我的生活（包括我外部可观察的行为和我的内心意识流的内容）方式之间的关系？通过这样的综合，我把我的各个部分放置在一起，把当前的情境概念化，让我的自我和心灵回到它们自己的位置，使我成为一个自然的、完整的、随着时间而变化的我。②

如此，教学自传研究方法通过回溯地、前进地、分析地、综合地工作，以第一人称关注和描写某一个特定的"我"在某一个特定的时间、

---

① ［美］威廉·派纳. 自传、政治与性别——1972—1992 课程理论论文集［M］. 陈玉亭，王红宇，译. 北京：教育科学出版社，2007：19—20.
② ［美］威廉·派纳. 自传、政治与性别——1972—1992 课程理论论文集［M］. 陈玉亭，王红宇，译. 北京：教育科学出版社，2007：20—21.

特定的地方、特定的环境中体验某一教学情境时特定的内在经验。在如此系统的自我反思和自由联想中，一个人开始从智力的和文化的制约中恢复自己。这是一项启动与学术工作、与某人自己、与世界的辩证关系的工作，致力于把教学中的师生个体从政治的、文化的和经济的控制和影响中解放出来。

6. 研究案例

（1）派纳的教学自传研究案例

派纳本人不仅从事教学自传方法的理论研究，更是在课程与教学中实践这一方法的身体力行者。对他而言，其个人生活、教学实践、课程理论研究乃至其整个学术生涯，几乎无处不自传！以下是他践行教学自传研究方法的三个经典案例：

①派纳的学术生涯自传——《自传、政治与性别》

《自传、政治与性别》这部著作由15篇文章①构成，是派纳使用教学自传研究方法研究完成的关于他自己的学术生涯（课程与教学理论研究）的自传。其中每一篇都是这同一主题下侧重点不同的一部微型传记：美国"课程研究"的传记、（教师）"自我"的传记、教学自传研究方法本身的传记、应用教学自传研究方法的教学案例等。

作为一位教学自传研究者，派纳为该书挑选的文章回溯了他的学术生活史。它始于1972年他对杰克逊·波洛克（Jackson Pollock）的强烈认同，并尝试"从内部入手"②思考中学教学，一直到1992年发现了

---

① 派纳的原著 *Autobiography, Politics and Sexuality-Essays in Curriculum Theory* 1972—1992 (Pinar, 1994.) 中共收录了15篇文章，但汉译本《自传、政治与性别——1972—1992课程理论论文集》中只译录了14篇。原文中的第9篇文章，即"Understanding Curriculum as Gender Text：Notes on Reproduction, Resistance, and Male-Male Relations (1981)"[《理解作为性别文本的课程：关于生殖、抵抗及男男关系的笔记（1981）》]，未被译录。

② [美]威廉·派纳.自传、政治与性别——1972—1992课程理论论文集[M].陈玉亭，王红宇，译.北京：教育科学出版社，2007："前言" Ⅱ.

"失语"①。如他在该书的"前言"中所说，他的研究不是始于自传，而是始于20世纪60年代末他在长岛教中学英语的时候。那时他想尽所能敏感地、理智地回应那里的状况。他很清楚传统的学校教育对那一代人来说不仅仅是不充分的，而且是疯狂的。他思索：它有可能以另外的面貌出现吗？就像第一篇文章所显示的，1972年时他所知道的还只是"从内部入手"的必要性。从那一刻开始，他就在通往自传的路上跌跌撞撞地走着。第二篇文章的内容是，当他在一个完全科层化的学校背景下寻找一种可能能够研究真实教育经历的方法时，他从波洛克转向了弗吉尼亚·伍尔夫。在第三篇文章里他勾画出了对教学自传研究方法的最初感觉。当然，课程与教学理论研究领域的主流很难赏识他的这种强调个体经验的教学自传研究方法，因此他努力证明其重要性之所在。对于这项自传研究，他转向了卡夫卡（Kafka）的《审判》（*The Trial*）。到20世纪70年代，课程与教学领域的再概念化运动正在进行中，再概念化的一端是自传理论，另一端是政治理论。这项运动在早期的成功迅速导致了它内部的权力斗争。在《什么是再概念化？》②一文中，他试图提及这些内部争论，在同一年写作的《课程领域的笔记》一文中，他还试图向课程与教学研究的主流领域概括地解释这场运动。在这个十年快要结束的时候，他明显地感觉到这个领域需要重新思考，于是他重新回到了教学自传研究。在《课程理论化中的抽象与具体》一文中，他

---

① ［美］威廉·派纳. 自传、政治与性别——1972—1992课程理论论文集［M］. 陈玉亭，王红宇，译. 北京：教育科学出版社，2007："前言" Ⅳ.
② 在派纳的原著 *Autobiography, Politics and Sexuality-Essays in Curriculum Theory* 1972—1992（Pinar, 1994.）中，此文的标题是"What Is Reconceptualization?"，但汉译本《自传、政治与性别——1972—1992课程理论论文集》中将"reconceptualization"一词译为"概念重建"，我将之译为"再概念化"，因此本书中凡论及此概念处均使用这一译述方式。

为自传辩护以使它避免被人误解为"资产阶级的自恋"。在《向外旅行》①一文中,他具体描述了自传,探索了课程与人的"生活情境"的关系。到20世纪70年代晚期,他的生活有了变化。性别认同占据了中心位置,他认为性别认同再也不能被认为是理所当然的了,女性主义理论成为他构想性别问题的工具。在1981年的《理解作为性别文本的课程:关于生殖、抵抗及男男关系的笔记》和1983年的《乔治男孩》两文中他勾画出了它的一两点含义。到1984年,美国教育领域的情况非常暗淡,他把那个时候刻画为"在终身教职上死亡"。1985年他又回到了教学自传研究,《自传与自我的建构》一文试图根据后结构主义的早期著作来重新思考先前的诸多假设。路易斯安那州立大学系主任的身份要求他参与以前未曾涉及的论争,在《教师教育的再概念化》一文中,他试图为主流读者勾画出课程与教学理论为什么会暂时认可霍姆斯小组关于教师教育的建议。随后的一篇文章,即《他人的构想中自我的形成:课程理论和学校改革》,是对学校改革的反思,强调了他对它的矛盾心理。最后一篇文章,《鹤的失语:课程回溯阶段中的窗子和镜子》,概括了他先前关于自传的著作,并指出了他所希望的下一阶段的图景:课程领域如果不进行课程或教学设计,那么需要做什么?②派纳对这一问题的回答是:课程领域真正值得研究的是人(教师或学生)与课程

---

① 在派纳的原著中,"*currere*"(个体体验性课程)是全书的核心概念之一,指一种"从内部入手"(Working from Within)、"向外旅行"(The Voyage Out)的强调学习者的个体体验以及认知者与认知对象之间的关系的课程。因此,不同于汉译本中将"The Voyage Out"译为"远航"(派纳,2007:"目录"),我将它译为"向外旅行"。本书中凡涉及"The Voyage Out"的地方,均使用"向外旅行"这一表述方式。

② [美]威廉·派纳. 自传、政治与性别——1972—1992课程理论论文集[M]. 陈玉亭,王红宇,译. 北京:教育科学出版社,2007:"前言"Ⅲ.

的关系，或者说是认知者与认知对象的关系。①

②教学自传研究方法在教学实践中——《向外旅行》

为了揭示认知者与认知对象之间的关系的细节，为了把这个抽象概念放在具体的教学经验中，派纳在他教授的英国文学课程的阅读教学中使用教学自传研究方法研究了一个学生对一个文本——弗吉尼亚·伍尔夫的《向外旅行》（The Voyage Out）——的阅读。为了表现个体的阅读者和文本之间互动的细节，他如一个摄影师那样，试图建构这个过程的一张"放大照片"。虽然必须记住每一个单元都是作为整体发生的经验的连续统一体的一部分，并且是在瞬间和一系列瞬间被记录的，但是为了这样建构，阅读将以不连续的单元来描述。②

这些单元构成了这种方法的步骤：首先，学生在阅读的时候用任何方式标记出使他感兴趣的章节、段落、句子、单词等。标记出的也许是贴切的语言，也许是煽动性的思想；也许他对为什么在一个特定的章节做记号毫无意识。在这第一阶段中重要的是密切地关注阅读并且记录文本中打动了他的东西。在这个阶段他并不诠释，他使自己沉湎于文本。他所记录的内容，即那些引起他兴趣的词、句、段、节、章，代表了他阅读的表层内容。阅读完小说之后，紧接着下一步是复习做过记号的地方并研究它们。如果有显而易见的主题，那么具体有哪些？尽管这名学生的选择可能看似偶然，除了自己的兴趣外，对于选择什么他没有任何预定的标准，但检视这些做过记号的地方表明他被小说的某些主题吸引了。在这第二个步骤完成以后，他把材料搁置一段时间。当再次回到材料时，他研究每一个主题以及已经确认出的表达他们的章节。现在根据

---

① ［美］威廉·派纳. 自传、政治与性别——1972—1992 课程理论论文集［M］. 陈玉亭，王红宇，译. 北京：教育科学出版社，2007：117.

② ［美］威廉·派纳. 自传、政治与性别——1972—1992 课程理论论文集［M］. 陈玉亭，王红宇，译. 北京：教育科学出版社，2007：117—118.

所引用的章节，他开始松散地按照文学传统的惯例来写作关于各个主题的短文。这种写作仍然聚焦于文本。当然，考虑到他写作的章节是出于自己的兴趣而不是它们对小说的重要性，因此严格地说他写作的并不是小说的观点。实际上，文本被当作一种罗夏测验（Rorschach test）① 来使用。在这种测验中观察者对所见之物的报告反映出来的内部经验与报告对文本的反应一样多。对主题的这种描述歪曲了阅读的过程，在学校中发生这种现象是很平常的。但这是一种必要的歪曲，很像照片被放大时的扭曲。现在，在这两种情况下都看到了之前看不到的细节。然而，为了理解所看到的细节需要另一种简单的描述，一种与文本完全不同的描述，描述被称为读者的传记情境的东西，这个被有意模糊了的术语使他能够在阅读时描述自己的生活。他通过描述而塑造的自己生活的形态，与他在阅读文本时标记出来的章节选择具有同样的重要性。像阅读文本时那样，要求他关注"对象"，并且尽可能具体地描述（而非诠释）构成他的传记性现在的元素。和其他阶段一样，这个阶段所完成的描述有点儿任意。②

在描述完成以后，派纳得到了两张照片，一张文本的放大照，一张那个学生阅读文本时的照片。现在派纳试图追踪这两者之间的关系。他把两张照片并排放在一起，看看二者是否有相似之处。如果有，那么具

---

① 罗夏测验：也称罗夏墨迹测验或罗夏技术，由瑞士精神科医生、精神病学家罗夏（Hermann Rorschach）创立，是一种少有的、著名的投射型人格测试。测验过程：主试者通过向被试者呈现标准化的由墨渍偶然形成的模样刺激图版，让被试者自由地看并说出由此所联想到的东西，目的是诱导出被试者的生活经验、情感、个性倾向等心声；被试者在不知不觉中便会暴露自己的真实心理，因为他在讲述图片上的故事时，已经把自己的心态投射到情境之中了。然后主试者通过将被试者的各种反应用符号进行分类记录，加以分析，进而对被试者人格的各种特征进行诊断。罗夏测验分为四个阶段进行：自由联想阶段、提问阶段、类比阶段、极限测试阶段。
② [美]威廉·派纳. 自传、政治与性别——1972—1992课程理论论文集[M]. 陈玉亭，王红宇，译. 北京：教育科学出版社，2007：118—119.

体有哪些？在这样做的过程中他瞥见了认知者与认知对象的关系。在这项工作中，通过松散地关注文本阅读者的个体经验，并且通过对此经验进行反思性的描述和分析，派纳不仅试图呈现允许他理解认知者与认知对象之间的关系的信息，而且试图转变这两者。①

③派纳的生活自传——《鹤的失语》

在《鹤的失语：课程回溯阶段中的窗子和镜子》一文中，派纳用他历时20年的研究逐步展开的课程自传研究方法贯穿性地回溯了他的阅读、他的朋友们和他的家庭。② 他从文章选题中的"鹤"及鹤的来源、鹤的语言开始说起。鹤是一种来自东方的鸣叫着的美丽的鸟。在中国文化中，鹤代表婚姻、团结和长寿，这或许就是鸣叫着的鹤想要喊出的语言③。然而，在派纳所读的小说人物的生活中，在他所研究的课程领域的现实中，在他自己的现实生活中，或者更宽泛地说，在这个世界中，分离、隔离、歧视是日常生活中的现实。④ 鹤的语言遗失了。

派纳这篇文章的题目借自戴维·莱维特1986年的小说《鹤的失语》(The Lost Language of Cranes)。小说讲述的是一个家庭的故事：儿子、父亲和母亲。儿子叫菲利普，20岁出头，有稳定的工作和收入，是个同性恋者，住在他自己的地方。在故事一开头，他恋爱了，爱上了另一个男人，他不想延迟或克制他的欲望，想与他所爱的人相互拥抱，但他所爱的人不爱他。菲利普的父亲欧文长期体验着同性恋欲望，但是他克制着这种欲望，保守着这个秘密，直到他的儿子"勇敢地站出来"

---

① ［美］威廉·派纳. 自传、政治与性别——1972—1992课程理论论文集［M］. 陈玉亭，王红宇，译. 北京：教育科学出版社，2007：119.
② ［美］威廉·派纳. 自传、政治与性别——1972—1992课程理论论文集［M］. 陈玉亭，王红宇，译. 北京：教育科学出版社，2007："前言"Ⅳ—Ⅴ.
③ ［美］威廉·派纳. 自传、政治与性别——1972—1992课程理论论文集［M］. 陈玉亭，王红宇，译. 北京：教育科学出版社，2007：207.
④ ［美］威廉·派纳. 自传、政治与性别——1972—1992课程理论论文集［M］. 陈玉亭，王红宇，译. 北京：教育科学出版社，2007：213—214.

的时候他才受到触动，去面对他的欲望。在他保守秘密的日子里，他得了慢性焦虑症，就好像他是一个被关在笼子里的人，感到被困、不安、恐惧。菲利普的母亲即欧文的妻子罗丝是一个拘谨的、循规蹈矩的女人，她相信界限和距离，不想知道得太多。她的这种拘谨使她失去了一些她应该知道的重要信息，如她丈夫是一个同性恋者。欧文为了他们的婚姻而对罗丝隐藏自己，当然隐藏的不是他的全部，但却是他认为会消失的那部分，然而它却没有消失，这部分是他给予儿子的东西。在焦虑的欧文和拘谨的罗丝这对夫妻的婚姻中，冷漠、克制和秘密使得彼此害怕和孤立，从一定距离外看着彼此。晚上，他们各自都靠在床的最边上清醒地躺着，并假设另一个人已经睡着了。一桩有重要信息以不同的方式失语（丈夫隐藏、妻子逃避）的婚姻，一个并不和谐的家庭！这里不存在和谐或团结，家成了监狱。鹤失语了。①

　　小说中的人物和他们的处境看起来既反映了也扭曲了派纳自己。他自己的家庭生活中也存在着不和谐，存在着"失语"之处。阅读小说把他带入了一个小说的虚构世界中，就如它把他带回到最近经历过但却没有反思性地抓住的过去里。读了小说后他从其虚构的世界回到他自己的世界，他现在的儿子，他过世的父亲。他感觉他总是试图回避父亲的位置，因为在他儿时的家里，他的父亲是家里的规则制定者，是唯一的权威话语者，母亲和作为儿子的他本人的声音总是被打断、被抑制、被忽视。当他自己有了儿子、成为父亲之后，他不希望儿子有他那样的童年，因此他选择回避父亲的位置，尝试离开家。但就父子关系而言，回避或"彼此假装睡着"② 是不可能的。最终，当儿子搬来和他一起住

---

① ［美］威廉·派纳. 自传、政治与性别——1972—1992 课程理论论文集［M］. 陈玉亭，王红宇，译. 北京：教育科学出版社，2007：207—209.

② ［美］威廉·派纳. 自传、政治与性别——1972—1992 课程理论论文集［M］. 陈玉亭，王红宇，译. 北京：教育科学出版社，2007：211.

时，他不得不面对父子共同生活的现实：不适、冲突、对抗，愤怒、争吵、吼叫，"生死斗争"①！两个不和谐的声音针锋相对，父子之间的战争此消彼长！从他儿子身上他看到他的父亲在他自己身上复活了："我儿子在我的房间里，我父亲从我身上涌出来。"② 通道！交流！在又一次的对抗中，在他儿子向他吼叫时，他想起了20多年前在一次类似的事件中他自己对他父亲的吼叫，于是他让步了：放下自己作为父亲的身份，重新关注自己的内心感受，找回了自己的声音："我身上充满了父亲、母亲和儿时的我失去了的声音。"③ 于是他默默地掏出钱包，无声地支持了儿子领导的一场罢课，并帮助儿子免于因此被学校开除。④ 父子拥抱在了一起。他从中体悟到，和教学一样，养育是我们从自己的童

---

① ［美］威廉·派纳. 自传、政治与性别——1972—1992 课程理论论文集［M］. 陈玉亭，王红宇，译. 北京：教育科学出版社，2007：211.
② ［美］威廉·派纳. 自传、政治与性别——1972—1992 课程理论论文集［M］. 陈玉亭，王红宇，译. 北京：教育科学出版社，2007：210.
③ ［美］威廉·派纳. 自传、政治与性别——1972—1992 课程理论论文集［M］. 陈玉亭，王红宇，译. 北京：教育科学出版社，2007：210.
④ 罗德尼·金（Rodney King）被殴事件提供了一个通道。1991年3月3日，在美国城市洛杉矶，四名白人警察殴打黑人青年罗德尼·金的过程被人偶然摄入录像镜头，四名警察遂因刑事罪遭到加州地方法院起诉。一年后，以白人为主的陪审团判决"被告无罪"。判决一出，当地黑人群情激愤，聚众闹事，烧杀抢劫，引发了一场震惊世界的大暴乱。实际上，当得知无罪判决结果时，绝大多数美国人都深感惊讶、意外和愤慨。在长达一年多的时间里，四名警察野蛮殴打罗德尼·金的录像画面，经 ABC、NBC、CBS 全美三大电视新闻网和有线电视新闻网（CNN）反复不断地播映，已经深深印在了美国人的脑海中。民意测验表明，在看过电视录像的观众中，92%的人认为白人警察有罪。（http://www.douban.com/group/topic/2441901/）这一事件也影响到了当时的派纳父子，为他们提供了一个和解的通道：当派纳还处于震惊中时，他的儿子迈克已经打电话组织在他就读的中学举行罢课了。儿子请求父亲的祝福和经济支持；父亲禁止儿子那样做；父子争吵起来！在儿子愤怒的吼叫中，派纳回忆起 1968 年在俄亥俄州的哥伦比亚，他自己在看到民主党全国代表大会（Democratic National Convention）期间芝加哥的警察在大公园（Grant Park）殴打他的同辈时他对父亲吼叫的情景，这使他听到了自己遗失的声音，于是他向儿子让步了，默默地支持了儿子。

年中恢复遗失的语言的机会，再次说话，即使是默默地。① 我们的孩子们可能表达了我们自己的集体无意识，常常是我们所批判的那部分自己。对我们的孩子来说，我们自己看起来可能像"起重机孩子"米歇尔那样，说着一种对他们来说可能是机械的、不明智的语言。②

"起重机孩子"米歇尔是一个因强奸而出生在一个建筑工地、在此生活了两年、受到母亲忽视的小男孩。但他找到了自己的语言：通过常年观察他居住的房子窗外的起重机工作，他学会了模仿起重机工作时的动作和声音，只有起重机能使他高兴。他像起重机一样移动，发出起重机一样的噪声，并将这种模仿变成了他钟爱的游戏。只有这种游戏能吸引他的注意力，让他安静下来。这种语言只属于他，他被称为"起重机孩子"。然而他被带离他居住的窗外有起重机工作的屋子，安置在一个智障者的特殊机构里接受治疗，他的语言不为其他人所知：他失语了。派纳通过"起重机孩子"的故事表明，对我们每一个人来说，以我们自己的方式找到我们必须爱的是什么，如窗外的起重机之于米歇尔，然后爱它。于是窗子变成了镜子：不管我们爱的是什么，那就是我们所是的谁。③

这个镜子阶段创造了一个自我，这个自我在本质上是异化的，因为他是被另一个自我所捕获和给予的。符号介入以后，主体被固化成为那个自我。当真正的主体实际上位于无意识中的时候，我们把这个镜子中

---

① ［美］威廉·派纳. 自传、政治与性别——1972—1992 课程理论论文集［M］. 陈玉亭，王红宇，译. 北京：教育科学出版社，2007：210—212.
② ［美］威廉·派纳. 自传、政治与性别——1972—1992 课程理论论文集［M］. 陈玉亭，王红宇，译. 北京：教育科学出版社，2007：218.
③ ［美］威廉·派纳. 自传、政治与性别——1972—1992 课程理论论文集［M］. 陈玉亭，王红宇，译. 北京：教育科学出版社，2007：216—217.

异化的自我错误地当作了主体。① 有如那名一直说着乌克兰语但却被误认为总是在"牙牙学语"的乌克兰移民妇女,她被关在精神病院大约48年,只因为医院里没有人能辨认出她是一名乌克兰移民,她是在讲乌克兰语。也许我们有点儿像这个妇女,只不过我们被监禁在其中的医院是我们想当然的自我。不公平的、苦难的世界为我们提供了共同的基础。②

派纳希望,"有一天这个世界会通过爱而团结起来"③。婚姻,"作为一种普遍人类关系之理想"④,是男人和女人之间一种差异与和谐共在的团结状态。他在爱尔兰参加朋友的婚礼时注意到,婚礼上,除了他们几个美国人以外,每个爱尔兰人都穿着黑衣服:在美国参加葬礼的衣服在爱尔兰却穿着参加婚礼。迥异的婚俗,同样的祝福:相异,但是一样!通过回溯这场婚礼,派纳体悟到:在婚姻中,像男人和女人这样明显相异的人,那些不同于一个人自己的人,那些他者,可以成为这个人的配偶,既分离又融合,既相异又和谐一致。⑤

教学自传研究方法的回溯阶段是重新进入过去以及它与现在有意识的重新融合。这个阶段可以从一个任意的兴奋点开始,可以通过联想转移到看起来是瞬间兴趣的符号表达上。⑥ 在"鹤的失语"中,派纳从

---

① [美] 威廉·派纳. 自传、政治与性别——1972—1992课程理论论文集 [M]. 陈玉亭,王红宇,译. 北京:教育科学出版社,2007:216—217.
② [美] 威廉·派纳. 自传、政治与性别——1972—1992课程理论论文集 [M]. 陈玉亭,王红宇,译. 北京:教育科学出版社,2007:217—218.
③ [美] 威廉·派纳. 自传、政治与性别——1972—1992课程理论论文集 [M]. 陈玉亭,王红宇,译. 北京:教育科学出版社,2007:215.
④ [美] 威廉·派纳. 自传、政治与性别——1972—1992课程理论论文集 [M]. 陈玉亭,王红宇,译. 北京:教育科学出版社,2007:214.
⑤ [美] 威廉·派纳. 自传、政治与性别——1972—1992课程理论论文集 [M]. 陈玉亭,王红宇,译. 北京:教育科学出版社,2007:213—215.
⑥ [美] 威廉·派纳. 自传、政治与性别——1972—1992课程理论论文集 [M]. 陈玉亭,王红宇,译. 北京:教育科学出版社,2007:218.

乔·安妮的书房和贝加莫会议的鹤转移到了戴维·莱维特的小说《鹤的失语》(*The Lost Language of Cranes*) 上，阅读小说把他带入了一个小说的虚构世界中，读了小说后他从其虚构的世界回到他自己的世界，认识到"和教学一样，养育是从一个人的童年中恢复遗失的语言的机会，再次说话，即使是沉默地"[①]。通过朋友"结婚"关注自我与他者的和谐一致；通过"起重机孩子"关注失语，呼吁重新关注真实的自我[②]。从医院里释放那名乌克兰妇女，辨认出那些在公众和日常生活中看起来可能是疯癫的东西，而实际上它却是一种语言，一种有其自己的完整性、自己的历史和意义的东西。[③]

当然，回溯不是在自己家的镜子前徘徊，而是记住我们现在所说的语言起源于我们作为婴儿、儿童和年轻的成人通过我们的窗子所看到的人和物。回忆这些失语提供了走回过去的通道，这一过去包含了我们沉默的声音，我们作为儿童所知道的世界，以及我们成年后所寓居与知道的世界。过去不是一种迷失在现在中的语言，不是一种被封锁在无意识中、永远被隐藏的语言。它在这里，在现在中，在我们的孩子、我们的朋友、我们的学生、我们读过的书、我们写过的文章之中。在这个意义上，教学自传研究是一些窗子，允许我们再次看到我们从前所爱的东西，以及在这样做的过程中，更清楚地看到我们现在所爱的人与物。在教育上，参与到世界之中使我们留神往窗外看，在那里，过去、现在和将来的世界在历史性现在的混乱和秩序中相互碰撞。回溯阶段要求我们更新我们对那些属于过去的人说过的誓言，与那些属于现在的人交换誓

---

① ［美］威廉·派纳. 自传、政治与性别——1972—1992课程理论论文集［M］. 陈玉亭，王红宇，译. 北京：教育科学出版社，2007：210.
② ［美］威廉·派纳. 自传、政治与性别——1972—1992课程理论论文集［M］. 陈玉亭，王红宇，译. 北京：教育科学出版社，2007：216.
③ ［美］威廉·派纳. 自传、政治与性别——1972—1992课程理论论文集［M］. 陈玉亭，王红宇，译. 北京：教育科学出版社，2007：217.

言，以我们自己的方式舞蹈一直到拂晓，通过这样做，以失去了的鹤的语言来再次说话，说说我们的窗外是什么，并与我们自己和与我们周围的人"结婚"，即和谐一致。①

（2）王红宇的教育经验"自传"

教学自传研究方法的另一研究实例是王红宇的《归途中的陌生者呼唤——第三空间的课程》（*The Call from the Stranger on a Journey Home——Curriculum in a Third Space*）一书，她的课程与教学研究经验自传。王红宇似乎深谙教学自传研究方法之于课程与教学及其中的人（教师和学生）的自我的意义。借助于教学自传研究方法，通过回溯、前进、分析和综合，她在书中发起了一场在米歇尔·福柯、孔子和茱莉亚·克里斯蒂娃之间的会话，寻觅一种新的、相互转化和创造的文化和心理空间，即她所谓的"第三空间"。通过将哲学、心理分析和自传编织进课程的当下生活经验之中，她让其自我与人类心理相遇，在西方的主体和中国的自我之间相互作用，在符号的和象征的动态转化中，呼吁构建处于文化与性别交界处的新的主体性和交互主体性。这种多层次的探究为课程与教学理论研究中的东西方对话提供了独特视角。

她的这一自传由六个部分组成："绪言"介绍全书的写作意图、基本思路、内容概要和写作风格。在"来自彼岸的呼唤"中，她回溯当她在探寻自我中彷徨时，福柯关于主体即创造性生成的话语为她自己的思想旅程提供了一种可能性，但是，如果不进行批判性反思的话，她作为一个女人和中国人与福柯话语的结缘并不能真正引起其自我转化。这种结缘令她"回家"，在其自身关系和宇宙联系中找回儒家的自我。这种回家不是字面意义上的回到家里，而是一个旅程，因为她对儒家自我

---

① ［美］威廉·派纳. 自传、政治与性别——1972—1992 课程理论论文集［M］. 陈玉亭，王红宇，译. 北京：教育科学出版社，2007：217—219.

的理解已经被她所遭遇的西方文化转化了。① 在"归根"中，她踏上归途找寻其儒家的自我，发现儒家的自我与福柯的主体几乎完全相反：它们相互之间是陌生者。尽管福柯和孔子都不关心自我的本质，但福柯强调主体的侵越性的一面，它与传统和机构断裂；而孔子则强调自我的关系性的一面，它与社会和自然和谐。不过，这两者之间的相互交流可能会使它们相互转化，形成新的主体性与交互主体性的根基。因此她试图发起一场跨文化的对话，展望一种第三空间，在那里可能会产生关于个体性和关系性的新的概念。而作为女人，福柯的主体或儒家的自我都满足不了她的期望，因为这两者都没能回应来自女人的呼唤。这种不满足感带她走向茱莉亚·亚克里斯蒂娃，受到克里斯蒂娃的主体的激励，透过心理深处探究主体，包含陌生者在内，重构女性与男性之间、自我与他者之间的关系。② 在"女人他者"中，在中国的语言和自我的背景下，通过质疑心理分析中普适的主体性基础的概念，她要构建一个心理的、社会的、教育的、有爱的第三空间的概念。这样一种概念会把心理上符号的和象征的双方以及性别上女性和男性双方带入一种会发生创造性转化的第三空间。③ 在"哲学的自我与心理的转化相遇，在一种跨文化、涉性别的空间"中，她描述自己走向福柯的自我创造，然后回到儒家的关系性，再进入克里斯蒂娃的内在的陌生者的自传之旅使她处于一种不安的位置、别扭的姿势和困窘的处境。通过仔细分析研究这些难题，她探讨关于自我的理论如何使人的心理产生一种在文化和性别内和在跨文化、跨性别的背景下更完满、更深刻、更丰富的具有交互主体性

---

① WANG H Y. The Call from the Stranger on a Journey Home—Curriculum in a Third Space [M]. New York：Peter Lang Publishing，2004：16—17.
② WANG H Y. The Call from the Stranger on a Journey Home—Curriculum in a Third Space. New York：Peter Lang Publishing，2004：17.
③ WANG H Y. The Call from the Stranger on a Journey Home—Curriculum in a Third Space. New York：Peter Lang Publishing，2004：18.

的个体性意识——一种既多重又独一的自我的第三空间。① 在"第三空间的课程"中,她辗转于矛盾的但却具有产生性的第三空间,阐述一种转化性课程和一种具有亲密性的超越的教育,在其中师生双方可以不断地既创造他们自己又创造课程。基于对个体性、关系性和创造性的重新理解,通过自传性沉思,她提出一种指向自我的创造性转化的课程愿景。对课程作为过程的反思直接和间接地贯穿于全书始终,即便是在即将收笔之时,她亦并不试图下任何结论,而是开放地邀请读者重新出发,去开始新的旅程。②

小威廉姆·E. 多尔在为该书所作的"前言"中精练地概括了作者丰富而精彩的人生感悟和课程与教学研究旅程。他说,作者告诉我们:"在我们与他者,实际上是在我们与我们自己之间的'第三空间'里,一种新的意识会产生,一种新的课程意识会出现。来自陌生者的呼唤能够邀请我们去创造新的关系,去实现我们待在'家'里不可能会实现的东西。我们必须去旅行,跨越边界——地理的、社会的、个人的、知识的、语言的。在这种跨越中我们可能见到尚待出现的可能性。陌生者在召唤。……作为一条通往课程的途径……这一旅程邀请我们带着我们的生活和我们的学习进入这个'第三空间',一个我们可以与他者——文本、老师、学生、同行、价值观以及自我的他者性交谈的地方。"③

在这一自传之旅中,她努力探寻一个她想去的地方——"第三空间",努力探寻一个课程可以去的地方——"第三空间的课程",构造了一组其独特的理论体系("第三空间")所凭借的、被她诗意化了

---

① WANG H Y. The Call from the Stranger on a Journey Home—Curriculum in a Third Space. New York: Peter Lang Publishing, 2004: 18.
② WANG H Y. The Call from the Stranger on a Journey Home—Curriculum in a Third Space. New York: Peter Lang Publishing, 2004: 18
③ WANG H Y. The Call from the Stranger on a Journey Home—Curriculum in a Third Space [M]. New York: Peter Lang Publishing, 2004: x.

的、蕴含着特殊意义（课程与教学）的学术概念——"家"（home）、"陌生者"（stranger）、"呼唤"（call）和"旅行、旅程"（journey）。她从自己自他乡"回家却发现自己变成了陌生者"说起，引出其经历的跨文化与涉性别的种种矛盾、冲突、问题、思考、斗争、转化、创造的内心旅程；她通过"来自彼岸的呼唤"详述其在国外作为陌生者（外国人/女人）经历的由文化冲突和身份认同混乱引起的痛苦、挣扎与求索；在"归根"中，她由在国外的身份认同问题反思自己作为中国人的自我根源与内涵：以儒家思想为本源的中国文化及精神；并通过这种"走出去与返回来"的旅程，在她自己的内心发起了一场东方与西方的对话，试图在两种文化（东方—西方、男人—女人）之间建构一种第三空间；透过"女人他者"，她从后现代女性主义的视角讨论东西方文化中女性作为他者的身份及其抗争与反思，试图建构一种有爱的、创造性的母性或女性自我；在"哲学的自我与心理的转化相遇，在一种跨文化、涉性别的空间"中，她详述自我的各种矛盾、冲突在第三空间的相互碰撞、相互转化、共同创造；在"第三空间的课程"中，她基于上述（女人）自我的心路历程回视课程与教学，设想并尝试实施一种位于第三空间的课程与教学：与陌生者在课程与教学中舞蹈。

7. 教学自传研究方法之于本书的研究

在本书中，我想要做的是把我内心关于学与教英语的经验表达出来，或者说我需要找到一种研究方法，在其中研究者（我本人）的生活世界、内心情感和内部决定过程被认为是正当的、有价值的、值得注意的；它鼓励系统的个人反思，确保对个体经验的表达和解释的学术性；它可以作为一种分析证据的方式，不仅能够组织一种记录而且能使发现成为可能。

教学自传研究方法能够在很大程度上满足我的这种需要。对我的研究而言，我，一个英语学习者和教师作为研究者，所处的文化现实并不局限在某一个地方，它指的是在我国范围内和汉语语境中学和教英语的实践活动这样一种文化现实。通过使用教学自传研究方法，通过回溯、前进、分析和综合，我将描述我自己作为一个英语学习者和教师的个体经验，至少从一个窗口例证英语在我国的学与教这种更大的文化现实。我不是要说我所代表的是那种现实的全部，但我的确希望以我的经验为一个视角来考察那种更大的现实状况；同时，我也知道别人的经验虽然可能与我的不同，但也有其自身的价值，因此我也尊重和欣赏其他人的经验，希望通过我对他人的经验的观察描述再提供一扇门，来考察那种更大的文化现实。因此在本书中，教学自传研究方法将聚焦在个体学与教英语的经验上，聚焦在我对英语及其学与教的情感上。

不用说，研究、考察个人的经验并非总是一件容易的事，必须在习俗、仪式、身体姿势、语言以及社会互动中去寻找、发掘其具体的表达。而且必须注意不将经验抽象或还原为某种客观的表达，而要以第一人称的方式和角度（自传）用心、用情来表述个体经验自身，包括其中的思想和感受。这是我写作本书的主要资源。作为一个英语学习者和教师，我的兴趣在于观察和描述我自己作为英语学习者和教师在经历和从事学与教英语的活动的过程中的个体经验。我作为女人的价值取向和重情感的倾向，我在本书中引用和借助的理论及方法论基础亦支持我对个体经验的这种偏爱。当我在本书中考虑个体经验时，我的兴趣在于研究这两种现实：即经验由外部因素引起的方式和由经验者本人创造的方式。例如，当我探讨有效的英语学习和教学方法时，我不仅会讨论老师如何能引发学生的部分有意义的经验，而且讨论学生本人如何能做出呼应、创造经验，而不是将其经验局限为仅受到教师的影响。这种对待经验的办法强调其外因和内因（自我创造）两个方面，是我自己撰写本书所使用的教学自传研究方法的核心。

正如王红宇在她的自传之旅①中所做的那样,我亦尝试在我自己的学与教英语的教学自传研究中提出一种强调个体经验的个体体验性英语教学方法论假设——"FEELS",探寻一个英语课程与教学可以去的地方——基于FEELS假设的英语课程与教学。在其中,教学自传研究方法好比探照灯,将光亮聚焦在个人经验的主体直接性上,旨在照明或突显学习者和教师学与教英语的生活中经验的、感受的、有情的一面。被照亮的主体是人的经验,是师生作为英语学习者和教师的经验。

三、FEELS假设的理论与实践意义

(一) 理论意义

FEELS假设是一项强调经验者学与教英语的个体经验及其相互关系的个体体验性英语教学方法论假设,它受到一套从哲学到课程与教学理论再到课程与教学研究方法论等相关理论的支撑:怀特海过程哲学中的经验观,多尔后现代课程理论中的"经验的认识论"为本书关于英语课程与教学中个体经验的研究提供了理论支持;派纳的教学自传研究方法②以及派纳本人和王红宇运用教学自传研究方法研究其自身教育经验的自传研究则为本书的研究提供了方法论支持和研究样例。以上述理论和方法论为依据,将英语课程与教学理解为师生的个体经验的交流并概括为"FEELS",是对英语课程与教学理论的新的探索。

(二) 实践意义

任何理论假设的提出都离不开研究者的生活实际。FEELS假设的

---

① WANG H Y. The Call from the Stranger on a Journey Home—Curriculum in a Third Space [M]. New York:Peter Lang Publishing, 2004.
② PINAR W E. Autobiography, Politics and Sexuality [M]. New York:Peter Lang, 1994:2. 这里参考的是派纳的原著,因为我的理解和翻译与陈玉亭和王红宇的汉译本中的有所不同:译本中将"*currere*"译为"存在体验课程"(派纳,2007:11),我将它理解为"个体体验性课程"。本书中凡参考该原著处均出于此原因。

提出直接来源于我自己的现实生活——对英语课程与教学中个体经验的感受、关注与思考。因此，FEELS 可以帮助学习者和教师在学与教英语的探险旅程中体验各种感受，遭遇各种挑战与新异；可以帮助学习者和教师理解和阐释学与教英语的身心之旅的意义，从而从学与教这两个侧面来描述和阐释个体经验。这样，FEELS 假设可以帮助学习者和教师追求这样一种英语课程与教学：它同情经验者的个体经验，关注他者和他异性，欣赏和追求英语课程与教学中的人——教师和学生身心发展的生态性和完整性。

四、FEELS 假设的创新性

（一）观点视角新

在追求量化研究的我国英语课程与教学研究的大背景下，本书从"我"的视角出发，关注特定的（我国英语课程的）教学情境和事件中的人（师生）的个体经验，诚实地展现我国英语课程与教学的现实图景；所描述的个体经验具有直接性和亲历性，均是个体体验者（"我"本人）亲身经历、感受、观察、思考的英语教学中的情境和事件，以此彰显经验者及其个体经验的自身价值和教育意义。

（二）理论依据新

支持本书中 FEELS 假设的理论基础包括怀特海的过程哲学尤其是其经验观和教育哲学观，多尔的后现代课程理论中的"经验的认识论"等理论。这些理论之间的相关性在于，它们分别从哲学和课程理论的角度关照经验者的个体经验及其自身价值；它们与本书之间的相关性则在于，它们为本书关于英语课程与教学中经验者的个体经验的研究提供了系统的、不同层面的理论基础。这可能是国内第一本尝试将这些理论思想联系在一起并以之为依据来阐释经验者学与教英语的个体经验的著作。

(三) 研究方法新

本书是一项关于经验者学与教英语的个体经验的自传研究，教学自传研究方法为本书的研究提供了适切的研究方法论支持。不仅如此，派纳和王红宇运用教学自传研究方法研究其教育经验的自传研究更为本书的研究提供了研究样例。这可能是国内第一项用教学自传研究方法来研究经验者学与教英语的个体经验的自传研究。

(四) 教学假设新

FEELS 是我在本书的研究过程中，通过分析和反思英语课程与教学中师生的个体经验并将之概念化而提出的一种强调师生个体经验的个体体验性英语教学方法论假设。由于它源于实践，并受到上述理论和方法论的支撑，因此既具有原创性和理论指导性，又具有解释性和实践适用性，可用于解释英语课程与教学中师生教与学的个体经验。

(五) 支撑材料新

本书中所涉及的大多数材料具有原始性、新颖性和一手性。原始性材料有如本书中诸案例的原始资料，材料的新颖性、一手性主要表现在书中对大量英语原文资料的参考和引用上，所引述的思想观点和内容基本上都是我自己在阅读、理解和忠实于原文的基础上根据本书的需要和语境翻译、整理的。

03

案例篇

第三章

FEELS 精神缺位与在场的英语教学之比较

一、基础教育阶段学校英语课程的教与学

为了了解基础教育阶段各级学校中英语课程与教学的现实情况，我于 2009 年 3 月至 2010 年 3 月进行了一项题为"基础教育英语课程的教与学"的调查研究。

作为学校课程的英语外语是全球开设面最广、投入最大、学程最长，而尚无一国一地声称已取得满意效果的一门课程，其特点包括无英语语言环境、缺精通英语的师资、学时分散、缺乏使用平台、脱离不了母语的影响；因此，往往经过多年学习之后，英语学习者中不能使用英语者占大多数，能阅读相关英语资料者占少数，能用英语口头准确沟通者占极少数，能精通英语者更是凤毛麟角。①

在我国的学校②里，英语就是作为外语被教与学的，是人们为了掌握一种补充母语功能的沟通交流工具而在远离英语社会的环境中进行的教与学。目前，我国以英语为主的外语教育发展空前，各级学校的学生

---

① 张正东. 张正东英语教育自选集 [M]. 北京：外语教学与研究出版社，2007：81.
② "我国的学校"：这里指我国的小学（即基础教育 9 年义务教育阶段 1—6 年级小学段学校）、初中（即基础教育 9 年义务教育阶段 7—9 年级初级中学段学校）和高中（即基础教育高中教育阶段 10—12 年级普通高级中学校）。

都必修外语课程，其中90%以上学英语，仅中小学学英语的学生总人数就达两亿以上。如果算上关心他们学习的父母、（外）祖父母，则英语外语教育正牵动着近十亿人的心①。

（一）观察②：学校教室里，英语课进行中……

在调查研究期间，我对某省某县的六所小学、初中和高中学校的英语课程教与学的情况进行了调查和课堂教学观察。下面是几例英语课堂教学情境：

1. 小学英语课堂教学情境一例

（1）背景信息

这是一堂精心准备的公开课。上课时间：2009年9月23日上午第3节课（40分钟）。授课对象：三（3）班，52名来自农村的三年级小学生。教材：人民教育出版社2003年6月第1版《英语》（PEP）（供三年级起始用）三年级（上册）。当堂教学内容：该册教材第2单元"Look at Me"。听课者除学生外，还有当地（一个乡级镇）的英语学科带头人、全校当堂无课的其他英语教师以及我本人（作为得到许可的课堂教学观察者）。

授课教师是一位中年女教师，有19年教小学数学的经验，据说曾是该校最优秀的数学教师。然而，有丰富的数学教学经验的她却是一位

---

① 张正东. 张正东英语教育自选集[M]. 北京：外语教学与研究出版社，2007：103.
② 谢邦秀. "基础教育英语课程的教与学"研究报告——基于对湖北省公安县中小学英语课程教学情况的调查[R]. 黑龙江省普通高等学校人文社会科学重点研究基地基础教育课程与教学研究中心研究项目（基地JY200901001），2009—2010.

刚刚踏上英语课讲台的新任英语教师①。此刻她正在给一个有52名三年级小学生的班级上英语课。

（2）教学环节

上课铃响，她首先用英语宣布"上课"，接着师生用英语互致问候，接下来是这节课一系列教学环节及各个环节中具体教学活动的逐项展开。

①复习：用"This is..."句型"介绍"人（自己、他人）：活动1，介绍自己。教师利用课堂实景介绍自己，点了4名学生起来介绍自己。活动2，介绍他人。教师利用课堂实景介绍一个学生和3位听课的本校教师。活动3，介绍他人。教师利用卡片让学生练习。

②授新课，使用教材讲授新课。活动1，看图说话：介绍、打招呼。教具：教材、图片和自制卡片。教师逐一领读，要求学生看着课文，读到哪里，用手指到哪里，全班学生连读课文。利用图片进行角色扮演活动：教师让学生自己举手要求到前面演练，没有学生举手；教师点了3组学生，每组3人，到前面来演练，学生按要求来到前面，但完成演练任务有困难，在教师的引导、帮助下勉强完成。这看上去类似小组活动。活动2，教学"五官"的英语表达法。教具：玩具狗、自制卡片、黑板。教师利用教具、实人、自制卡片，逐一、反复教"五官"的读法。活动3，听录音跟读。教具：教材、录音机、磁带。教师放课

---

① 我通过与该校英语教师交谈了解到，坐落于乡级镇、学生主要来自农村的农村小学和初中普遍缺少英语教师，由于地域和待遇等方面的局限，也很难招聘到有英语专业背景的大学毕业生来校任教英语课程，因此一般只能就地取才，从本校有一定英语基础、愿意改教英语课程的其他学科的老师中挑选老师，送他们出去学习培训，长则半年，短则一两个月，一般是经寒暑假短期英语教学培训后即上岗任教英语课程。这节课的授课教师就是众多的中途改教英语课程的教师中的一位。她之所以被选中改教英语课程，是因为她本人有一定的英语基础，而且辅导儿子英语学习很成功——她的儿子以较高的英语高考分数考上了大学。在接受了为期一个月的暑期英语教学培训后，她本学期刚刚走上英语课的讲台。

文录音，要求学生边听边指着教材中的相应内容跟读。活动4，演和说（Let's do！）。教师下指令，学生边做边说；让一个学生上讲台面对全班同学，教师在教室的后部，全班学生的背后，做动作，前面的学生用英语下指令，全班学生跟着指令说单词、做动作、然后回头看老师的动作，确认自己正确与否。像是在做游戏。教师鼓励做对的学生为自己欢呼"Yeah！"。教师在此活动的过程中再三对学生说加大了"难度"。

③小结："Look at Me"，五官的英语表达法。

④布置作业：画"五官"、说"五官"，复习"五官"的英语表达法。最后，这节课在师生的道别声中结束。

（3）听课感受

教师：备课认真，自制、自备了一些教具；围绕教学内容和任务，按照英语课堂教学基本要求设计了相对完备的教学环节和丰富多样的教学活动；课堂教学经验丰富，善于把握教学时间，控时较好；长于课堂管理，课堂纪律较好，学生注意力比较集中；声音洪亮，汉语普通话较好，英语语音基本准确、语调比较自然、语言表达基本流畅；活跃、耐心，关注学生的反应，注意启发、激励/鼓励学生；在英语专业方面底气不足，对自己的英语发音没有信心。

学生：合作，按照教师的指令行事。教学环境：除录音机外基本上没有使用其他现代教学技术或设备；班额大，有52名学生，教室拥挤。

教学过程：教师是主角，学生跟着教师行动，学生独立或小组活动时间较少，更像一节教师表演课；教师设计的教学活动过多，且拘泥于教学活动设计方案，疲于赶任务，致使没有一项活动得以充分开展，无法使学生的听说技能训练与培养真正落到实处；教学重点、难点不突出，显得忙乱；学生活动面窄，全班52个学生，活跃的仅6~7人，导致一节课下来，教师忙碌、辛苦，少数学生积极，大多数学生混场、看热闹。

教学技巧：有些教具（如玩具狗）选择不当，花哨，转移了学生的注意力；在"授新课"环节的"活动4"开始前，教师三次重复说"下面要增加一些难度"，意在提醒学生重视，实际上增加了课堂的紧张气氛，使学生产生畏难情绪，发挥不佳。

2. 初中英语课堂教学情境一例

（1）背景信息

这是我在没有预约的情况下随机随堂听的一堂常态的初中英语课。上课时间：2009年9月28日上午第4节课，45分钟。授课对象：初中三年级即九年级的一个平行班，86名学生。教材：人民教育出版社2006年6月第4版《英语（新目标）》（*Go for it!*）九年级；当堂教学内容：该册教材第3单元。听课者：除学生外，只有我本人（作为得到许可的课堂教学观察者）。

授课教师是一位中年女教师，具有25年初中英语课程的教学经验，具有师范类大学本科英语专业学科背景，这在全县的初中英语教师中属凤毛麟角，因此她既是该校英语课程的王牌教师，也是县教学研究室培训下面乡镇初中和小学英语教师时培训课程的主讲教师和学员学习模仿的样板。

（2）教学环节

上课铃响，她首先用英语宣布"上课（Let's begin.）"，接下来是这堂课教学环节及具体教学活动。

①复习。翻译：教师说汉语，学生说英语；教师帮助、更正、强化。单词、短语：难词拼写、近义词辨析、一词多用讲解、同类用法归纳。句型、句子：学生齐说或单个学生说，教师及时鼓励、讲解疑难。

②授新课。教具：课本、黑板、粉笔等。活动1，教师逐句讲解新课内容，学生听课、呼应、记笔记：词汇、语法、句型。活动2，学生读课文，教师在教室内走动、答疑、检查、帮助。活动3，教师询问学

生学习情况，了解学生反馈。此时下课铃响，但计划的教学内容还没有完成，因此课堂教学仍在继续。

③小结。教师指出课文中的重点句子，学生做笔记。

④布置作业。要求理解课文，归纳词组；教师说明第二天的任务之一：测试，学生起哄。

⑤下课。师生在忙乱中走出教室，走向食堂……

（3）听课感受

这堂课是初中英语课堂教学的真实呈现。

教师：个人专业素质和综合素质好、能力强、教学经验丰富；备课充分；教学活动设计实在，没有应景的花架子，教学环节衔接流畅，所有活动均围绕教学重、难点展开，重点突出、难点讲解清楚、透彻。

教学技巧：合理使用母语和目的语（英语），组织教学用英语，讲解教学内容时英汉语结合，说话声音悦耳，语速适当，汉语普通话和英语语音语调自然、流畅、清晰、亲切；在黑板前走动教学，视线覆盖全班学生，关注课堂反应和学生反馈，耐心启发学生，发现问题及时解决。师生关系融洽，教学合作良好，教学中注意及时鼓励学生。

学生：服从命令听指挥，积极合作，大部分人注意力集中。

教学环境：教学以书本、黑板和粉笔为主要媒体，没有使用现代教育设备或技术；教室座位拥挤，行与行之间不足 30 厘米宽，黑板和第 1 排座位之间不足 50 厘米宽，教师只能在黑板和第 1 排座位之间的狭小空间来回走动教学，学生出入教室只能侧身而行，师生行动和教学活动极不方便！班级人数过多，不利于全班所有的学生充分参与课堂活动、受到充分的关注或得到充分的表现，对学生的注意力水平、自控能力、学习自觉性、参与意识、耐心和自主学习能力等要求较高。

教学过程：教学内容多，课堂教学时间紧张，很难在兼顾到各项语言技能训练的同时在规定时间内完成所有的教学任务。就本次课而言，为了完成计划的教学任务，教师不得不拖堂，致使课堂教学的最后两个环节拖到下课铃响了之后才匆匆交代，草草了事！课堂教学的主要模式是教师讲、学生听，教师是主角，学生跟着教师行动，学生没有独立或小组活动时间，没有真正地还课堂于学生，使学生成为课堂学习或活动的主体。

教学重点：教学的重点根据中考的要求确定，基本上是中考考什么，老师在课堂上就教什么，学生就只能、也只想学什么；不考的就不教、不学。教和考中的重点一般是课文中的词汇、语言点、语法结构、句型等。

教学评价：以考试的结果为依据，考试是教学的指挥棒。

3. 高中英语课堂教学情境一例

（1）背景信息

这是我随堂听的一堂常态的普通高中的英语课。上课时间：2009年9月24日上午第3节课（45分钟）。授课对象：高中一年级的一个重点班，68名学生。应使用的教材：人民教育出版社2007年第2版全日制普通高级中学（必修）《英语》；当堂教学内容：非该教材中的内容。听课者：除学生外，只有我本人（作为得到许可的课堂教学观察者）。授课的是一位青年女教师，英语专业毕业生，有近十年的高中英语教学经验，是该校的优秀英语教师。

（2）教学环节

上课铃响，教师在用英语宣布上课后，直接进入主题。①授新课：接着上一次课的内容继续讲解一本习题集上的语法、句型、词汇等内容。语法：直接引语与间接引语的转换，讲解、举例、全班操练；时态变化，一般情况、特殊情况；词语转换，全班练习；人称变化，难点，学生掌握得最不好；动词转换，一般问句（if/ whether）、特殊问句（疑问词、语序）；祈使句变化：ask→tell→order（语气递增）。词汇：词语辨析（spend/cost）；点学生起来逐一答题；教师点评、讲解、复习。②小结。以铃声为令下课。

(3) 听课感受

教师：个人专业素质和综合素质好、能力强、教学经验丰富；备课充分；教学活动实在、实用，直截了当；教学重点突出、条理清晰、难点讲解清楚、透彻；注意母语和目的语的结合使用，组织教学用英语，讲解教学内容时主要用汉语；讲课时面带微笑，说话声音悦耳，语速适当，汉语普通话和英语语音语调自然、流畅、清晰、亲切；在教室里走动教学，视线覆盖全班学生，关注课堂上学生的反应，耐心启发学生，发现问题及时解决；师生关系融洽，教学气氛良好；工作和心理压力大，身心俱疲。

学生：注意力集中，积极呼应；学习负担重，课桌上都堆着高高的书山，心里压着各科的学习、备考任务。

教学环境：教学以习题集、课本、黑板和粉笔为主要媒体，基本没有使用现代教育设备或技术；班级人数较多，教室拥挤。

教学过程：高中教学的主要任务是备战高考，因此课堂教学以解决与考试有关的语法重、难点为主要目的；课堂教学的主要模式是教师讲、学生听；教学的重点根据高考的要求确定，基本上是高考考什么，老师在课堂上就教什么，学生就只能也只想学什么，不考的就不教、不学，教和考的重点一般是词汇、语言点、语法结构、句型；本次课的教学重点就是习题中的语法结构、句型和词汇用法。

教学评价：以考试的结果为依据，高考是教学的指挥棒。

(二) 描述①：学校英语课程与教学的实况

除了走进课堂观察课堂教学以外，我还采取了文献法、问卷法、座

---

① 谢邦秀．"基础教育英语课程的教与学"研究报告——基于对湖北省公安县中小学英语课程教学情况的调查 [R]．黑龙江省普通高等学校人文社会科学重点研究基地基础教育课程与教学研究中心研究项目（基地 JY200901001），2009—2010．

谈法、访谈法等研究方法，收集到包括英语教学大纲/课程标准、教材、教参、教辅资料、调研单位资料、问卷调查数据信息、调查表数据信息、座谈/访谈记录、听课记录等九大类一百五十余种文献和调查研究材料①。这些材料印证了所观察的课堂教学反映的中小学英语课程的教学现象，展现了该县的英语课程与教学情况。

1. 英语课程开设情况

教育部基教［2001］二号文件下达了新课改指导意见，要求在全国的小学普遍开设英语课程，并安排长短课时结合的每周4次课。新课改以前，全县小学未开设英语课程，初中和高中已经按照国家要求普设英语课程。新课改精神下达之后，小学从2002—2003年开始自三年级始普设英语课为必修课，使用人民教育出版社根据新课改要求编写出版的小学英语教材，三、四年级每周安排2课时，五、六年级每周安排3课时。初中以使用新教材为标志开始实施新课改，按规定每周5课时。普通高中从2009—2010学年第1学期起陆续开始实施新课程、使用新教材。按规定高一、高二每周5课时，高三每周4课时，实际上高一、高二每周的英语课时为11节课（7节正课+2节早自习+2节晚自习），高三每周的英语课时为13节课（9节正课+2节早自习+2节晚自习）。

从表3-1②中可以读出以下信息。生师比：初中英语学科的生师比约为90∶1，高中约122∶1。小学英语学科的生师比暂无全县性的统计数据，因为，一方面，小学英语教师大多属兼职，且每学期都有变动，较难统计；另一方面，小学生的生源数在逐年减少，小学校的数量也在随之相应地减少，生师数量均在变动之中，难以统计。从表3-2中可见小学学校数、教师数和学生数的大致变化情况和趋势。课时数及教学

---

① 详见附3-1："所收集的材料目录"及目录所列相关材料。
② 表3-1中的信息由县教学研究室的英语教研员提供，其中的师生数是2008年的统计数据。

表 3-1　某省某县英语课程开设情况表

教育阶段		小学				初中			高中（普）		
学校数（所）		110				28			11		
年级		三	四	五	六	七	八	九	一	二	三
学生数（人）		6392	6759	7368	7731	9897	11195	12724	9400	9300	10300
教师数（人）		?	?	?	?	116	120	139	75	75	90
周课时数	实	2	2	3	3	5	5	5	7+2+2	7+2+2	9+2+2
周课时数	应	4	4	4	4	5	5	5	5	5	4
教学进度	实					1/5	1/5	1/5	3周2单元	3周2单元	3周2单元
教学进度	应	1/6	1/6	1/6	1/6	1/5（不够用）	1/5（不够用）	1/5（不够用）	1/5（不够用）	1/5（不够用）	1/5（不够用）
语音室、多媒体教室或其他现代化教学设备		无语音室，少数学校有多媒体教室。				语音室 10 间、多媒体教室 25 间、电脑 145 台、录音机 375 台。			县一中、二中、三中 3 校硬件设备较好：听力训练：1. 分年级布线，统一播放；2. 电脑、光盘；3. 录音机。一般学校听力训练在教室进行，以录音机为主。		

表 3-2　某省某县小学的学校数、学生数和教师数变化情况表①

项目 时间	学校数（所）	专任教师数（人）	班级数（个）	学生数（人）
1999 年	462	6559	3137	128033
2000 年	362	5095	2603	109836
2002 年	266	4224	1940	84536
2008 年	110	2338	946	40956

---

① 此表根据县教学研究室每年编订的《小学基本情况统计表》中的数据整理而成。

进度：按要求，小学英语应安排长短课时相结合的每周4次课；而实际上，该县小学各年级的英语课时数没有达到要求，被减少了近一半①。初中的英语课时数是按照课程标准规定的要求实施的，无增减。高中按规定的课时数和进度要求不能完成教学任务，增加了课时数，调整了教学进度。教学条件：小学的英语教学条件普遍较差，全县小学暂无语音室，少数学校有多媒体教室但较少开放使用，录音机的使用尚不普及。初中的英语教学条件要好很多，共有语音室10间、多媒体教室25间、电脑145台、录音机375台。普通高中的英语教学条件因学校而异，县一中、二中、三中等城镇高中硬件设备较好，听力训练渠道较多：①学校设英语电台分年级布线，分时段按年级统一播放；②有多媒体等现代教育设备可用；③常用录音机。一般学校听力训练在教室进行，以录音机为主。

2. 英语教材情况

（1）教材使用情况

①小学：该县小学使用的教材是义务教育阶段由国家免费提供、循环使用的小学英语教材——《英语（PEP）》（*PEP Primary English Student's Book*）（供三年级起始用）。此套教材是经全国中小学教材审定委员会2001年初审通过的义务教育课程标准实验教科书，由（中国）课程教材研究所、英语课程教材研究开发中心与（加拿大）Lingo Media国际集团合编，人民教育出版社出版。全套教材共8册，供小学三至六年级使用。

②初中：该县初中使用的教材是义务教育阶段由国家免费提供、循环使用的初中英语教材——《英语（新目标）》（*Go for it! Students'*

---

① 以一所小学为例，其三至六年级开设英语课，学生数为1460人，英语教师4人，生师比约为365∶1。三、四年级每周2课时，五、六年级每周3课时。有录音机辅助英语教学。老师们在座谈中反映：英语课时太少，最好每天能有一节英语课。

Book）。此套教材是经全国中小学教材审定委员会2002、2003年初审通过的义务教育课程标准实验教材，由中国课程教材研究所、英语课程教材研究开发中心与美国汤姆森学习出版集团合编，人民教育出版社出版。全套教材共5册，供初中七至九年级使用。

③高中：某省高中新课改2009—2010学年第1学期起在全省铺开，我调研时该县高中三个年级两套教材并用：2009—2010学年第1学期起，高一进入新课改，开始使用经全国中小学教材审定委员会2004年初审通过的普通高中课程标准实验教科书《英语》（必修）（*NEW SENIOR ENGLISH FOR CHINA*），此套教材当时尚只发了2册；高二和高三继续使用经全国中小学教材审定委员会2003年审查通过的全日制普通高级中学教科书《英语》（必修）（*Senior English for China*），此套教材共5册，供普通高中一至三年级使用。两套教材均由人民教育出版社出版。

全县城乡小学、初中和高中均无校本的或自编的英语教材。

（2）教材使用情况反馈

教材的难易度：小学师生觉得三至五年级的教材难易适中，六年级教材难。初中教师认为七年级上册、八年级上册和九年级的教材难易度合适，七年级下册和八年级下册的教材略难；学生感觉七年级和九年级的教材略难，八年级的教材上册与下册跨度较大，下册的教材难，由上册到下册学生很难适应；其他年级的教材难易度适中。高中教师认为高中一、二年级的教材难易度适中，高三的教材偏难；学生感觉高中一年级的教材难易度适中，高二的教材较难，高三教材很难。

使用的方便度：小学师生均认为全套教材方便度合适。初中教师认为七年级上册、八年级上册和九年级的教材使用较方便，七年级下册和八年级下册的方便度一般化；学生感觉七年级上册教材使用较方便，其他年级教材使用方便度一般化。高中师生认为高中一、二年级的教材使用不太方便，高三的教材使用不方便。

教材的趣味性：小学师生认为三至四年级教材趣味性高，五年级的教材趣味性适中，六年级教材趣味性低。初中教师认为七年级上册、八年级上册和九年级的教材趣味性较欠缺，七年级下册和八年级下册教材的趣味性不够；学生感觉七年级上册、八年级上册和九年级的教材较有趣，七年级下册和八年级下册教材的趣味性不够。高中师生均认为高中一年级教材趣味性强，高中二年级的教材无趣味性，高中三年级的教材趣味性不太强。

对教材的喜爱度：小学师生均对三年级教材的喜爱度高，对四至五年级教材的喜爱度适中，对六年级教材的喜爱度低。初中教师对全套教材的喜爱度一般，学生较喜爱七年级上册教材，对其他教材的喜爱度一般。高中师生较喜欢高中一、二年级的教材，不喜欢高三的教材。

教材的利用率：小学对全套教材利用率为70%~80%。初中对全套教材利用率为60%~80%。高中对教材利用率为80%左右。

3. 英语师资队伍状况[①]

该县小学英语教师的主体由兼职教师构成，许多教师一身兼教数门学科的课程；师资队伍不稳定，来源复杂，专业背景多样、多变，几乎均非英语专业出身；大多数教师专业水平低、业务素质弱、缺乏信心；

[①] 谢邦秀."基础教育英语课程的教与学"研究报告——基于对湖北省公安县中小学英语课程教学情况的调查[R].黑龙江省普通高等学校人文社会科学重点研究基地基础教育课程与教学研究中心研究项目（基地 JY200901001），2009—2010："小学英语教师调查问卷"（县教研室实施调查）和"英语教学情况调查问卷"（谢邦秀设计并实施的调查）.

但尽管如此，他们认真负责，一丝不苟，其教学得到学生的认可和响应①。初中英语师资队伍相对较稳定，师资来源主要是中师或大学专科、高职高专的毕业生，虽并非都是英语专业出身，仅具备必需的英语水平，但其专业素质、教学水平和课堂驾驭能力普遍强于小学英语教师②。普通高中英语师资队伍相对稳定，师资来源基本上是大学专科或本科的英语专业毕业生，具备较好的专业水平、业务素质和综合素质，

---

① 斗小龙老师的课堂展现了一幅小学英语课堂教学的真实情景：当我作为得到许可的观察者走进教室时，她和几个学生正围在一起自己动手制作教学卡片，准备上课。课堂上，她善于驾驭课堂，关注学生的表现和反应，时常及时维持课堂纪律，课堂纪律较好；声音洪亮、汉语普通话较好，英语语音基本准确、语调比较自然、语言表达流畅；活跃、耐心、注意启发学生、激励/鼓励学生；引入竞赛、奖励机制，进行小组比赛，较好地调动了所有学生参与教学活动的积极性、注意培养学生的集体荣誉感，学生参与活动的面较广；备课充分，教学活动设计合理，重点、难点突出，较好地完成了教学任务；师生关系融洽。学生：合作、活跃、好奇心强，参与活动的积极性高，大部分时候注意力集中。

② 梅园初中的张老师是大学本科英语专业的毕业生，专业素质和综合素质好、能力强，且年轻，思想活跃，对现代教育技术驾轻就熟。在教学中充分利用多媒体设备，借助自制的多媒体课件展开教学活动，现代教育设备和技术使用得当，较好地辅助了教学活动的开展和教学任务的完成。课堂教学活动设计合理，开展充分，各项活动围绕教学重、难点展开；说话声音洪亮、汉语普通话和英语语音、语调比较自然、基本用英语组织和进行教学，语言表达清晰、流畅、亲切；教师的视线覆盖全班学生，关注学生的课堂反应，注意激励学生，引入竞赛机制，在男女生之间展开具有竞赛性的课堂教学活动；教学紧密联系师生的生活实际，使学生能够体验到学以致用的乐趣，教学环节衔接流畅，不留痕迹。控时较好。课堂上师生关系和谐，师生互动良好，课堂气氛活跃，学生注意力集中，积极配合教师，积极参与课堂教学活动。

教学能力较强①。英语教师队伍的性别结构不平衡，女教师占绝大多数，男教师仅占总数的 20% 左右。

4. 新课改的积极影响

自实施新课改以来该县中小学英语课程与教学发生了很大的变化：小学英语课程的开设实现了零的突破并得到普及，全县所有的小学均已从三年级起始开设了英语课程。中小学英语教学由县教学研究室英语教研员根据国家有关外语教育政策和英语课程标准统一管理、协调和督导。教师积极地讲、学生努力地跟、师生为了共同的教学目标而拼命努力。

（三）印证：参照性调查②

1. 调查情况简述

在统计登录对该县中小学英语课程与教学情况调查研究的信息的过程中，我接受了两个新生班的大学英语教学任务。考虑到大学新生刚刚

---

① 如县一中的贺老师，备课充分，对教学内容、学生、教学方法、教学环节、课堂节奏以及课堂教学时间的把握都恰到好处；课堂活动设计充分、合理、实用，教学环节环环相扣，完整无憾！利用黑板板书，板书设计合理，逻辑层次清楚，把文章的框架结构、主旨和语言重难点概要地展现出来，一目了然；教师责任心强：当观察者（我本人）提前约 5 分钟走进教室时，贺老师已经在班级，并正在学生中走动，检查作业、答疑，学生在读英语或作课前准备，不受观察者的干扰；教学中注意母语和目的语的合理结合：组织教学用英语，讲解课文时主要用英语，必要时加一点汉语以确保学生理解；教学中面带微笑，说话声音悦耳，语速较快，汉语普通话和英语语音优美、语调自然、流畅、清晰、亲切；走动教学，视线覆盖全班学生，关注学生的课堂反应，耐心启发学生，发现问题及时解决；教学中，教师层层引导、逐步深入，学生步步紧跟、积极合作；教师引导，讲解有序；学生基础好、素质高，注意力高度集中，积极有效地呼应、反馈，师生关系融洽，教学互动好，气氛活跃；教学效率高、效果好。

② 谢邦秀. "基础教育英语课程的教与学"研究报告——基于对湖北省公安县中小学英语课程教学情况的调查 [R]. 黑龙江省普通高等学校人文社会科学重点研究基地基础教育课程与教学研究中心研究项目（基地 JY200901001），2009—2010. 见附 6-4，附 6-5.

结束中学阶段的学习，可以对自己上大学之前的英语学习进行小结性的评价，因此萌生了对他们做一次调查的想法，以用调查所得的信息作为参照来验证和说明我从对某县中小学英语课程与教学情况的调查研究中所得信息的真实性、代表性和可用性。

调查假定：（1）大学新生是普通高中毕业生中比较优秀的群体，他们闯过了高考关，成功地升入大学继续学习。（2）他们在答卷中所反映出来的关于自己中、小学时的英语学习及课堂教学情况可能好于从对某省某县基础教育阶段英语课程课堂教学情况调查研究中所得信息和数据。（3）基于英语课程及其教学特点，两组信息也应具有一定的相关性和可比性。调查对象：我校2009级两个班的97名来自全国12个不同省、自治区、直辖市69个地县91所中学的大学新生。调查方法：在对学生说明调查目的和用意、征得学生同意的前提下，使用与在对某省某县基础教育阶段英语课程课堂教学情况调查研究中内容相同的问卷调查表对上述97名大学新生进行了问卷调查。答卷方式：为了节约纸张，控制答卷时间，我将问卷制作成多媒体课件，在多媒体教室利用电脑视频逐一播放问卷中的问题，学生在纸上按要求按题号逐一回答问卷中的问题；收回答卷97份，全部答卷均为有效答卷。

2. 调查结果描述

（1）学生的学

就学生的学而言，在英语学习观念、目的、态度等方面，约79.38%的学生认为自己在中学时英语学习目的明确或基本明确。约89.69%的大学新生认为学好英语很重要，并因此而努力学英语。大部分学生认为兴趣（约64.95%的学生）、持之以恒（约54.64%）、敢于使用，不怕出错（约57.73%）等是学好英语的关键，一部分学生认为刻苦（约27.84%）和记忆力好（约20.62%）是学好英语的关键。在学习心态方面，大部分学生对英语学习或英语课持积极、肯定的态度：

约67%的学生对自己班级的英语课堂教学很满意,约53.61%的学生认为自己班级的英语课堂教学气氛活跃、效果好,约50.52%的学生在去上英语课的路上感到很轻松,约56.7%的学生很享受上英语课、学英语、用英语,约39.18%的学生能在英语课上积极配合老师用英语回答问题或参加讨论;大部分学生(约79.38%)在英语课上注意力集中,极少数学生(约7.22%)上英语课时在想与教学内容无关的事;大多数学生(约78.35%)相信自己有能力应对英语学习上的困难和挑战。在学习能力和效果方面,约83.51%的学生认为自己"现在急待提高的能力是自主学习英语的能力";但在有其他选择项供选择时,约55.67%的学生认为英语综合运用能力是自己急待提高的英语能力,约有51.55%的学生认为交往能力是自己急待提高的英语能力,约45.36%的学生认为听说能力是自己急待提高的英语能力,仅约23.71%的学生认为自主学习能力是自己急待提高的英语能力,还有约21.64%的学生认为读写能力是自己急待提高的英语能力。约36.08%的学生能听懂老师用英语所授课的比例不到60%,约69.07%的学生能听懂老师用英语所授课的60%~80%。约39.18%的学生认为自己在英语课上学习主动,收获大。

(2) 课堂教学

就课堂教学而言,一方面,大部分学生对自己班级的英语课堂教学情况持肯定态度:约43.3%的学生认为自己学校的英语学习环境好、气氛浓,约53.61%的学生认为英语课堂教学气氛活跃、效果好,约67%的学生对自己班级的英语课堂教学很满意。但同时,学生在英语学习中普遍缺乏信心:仅有约19.59%的学生觉得在英语课上发言很自信,约30.93%的学生觉得在同学面前说英语很自信;而约47.42%的学生都觉得其他同学的英语比自己好,约42.27%的学生在课外说英语时担心别人取笑,约50.52%的学生在老师点名发言时感到紧张、慌乱,约

55.67%的学生在英语课上发言时很紧张以至知道的东西都想不起来了，约52.58%的学生在英语课上因担心自己会犯错而不愿自愿发言，约62.89%的学生在听不懂老师用英语讲课时感到不安。许多学生觉得自己在学习方法、听、说、读、写、词汇、语法等方面均存在困难：约26.8的学生不知道如何为英语课做准备；约37.11%的学生认为听力是自己英语学习中的拦路虎；约41.24%的学生认为语法知识杂乱无序，枯燥乏味，难学；约45.36%的学生感觉记单词难，掌握的词汇量小；约58.76%的学生觉得英语学习中最难的是开口说英语；约67%的学生觉得用英语写作时，难以准确表达自己的想法。在进行英语口头表达时，68.04%的学生感到词汇不够，41.24%的学生担心语法错误，40.21%的学生认为主要意思表达不出来，26.80%的学生觉得语音语调不够好，24.74%的学生怕说错，不敢开口。

(3) 学生对教的态度

学生对教师的教普遍持肯定和满意的态度：约43.30%的学生认为自己在中学时因为喜欢英语老师而喜欢上英语课，也有极少数学生（约3.31%）将自己讨厌上英语课归因于英语教师；约77.32%的学生认为英语老师英语语音语调很好，约68.04%的学生认为英语老师课堂教学方法很好，约68.04%的学生认为英语老师在课堂教学中以学生为主体进行教学，约58.76%的学生认为英语老师在课堂教学中经常组织学生用英语讨论和进行活动，约80.41%的学生认为英语老师关注学生在课堂上的反应，约73.2%的学生认为英语老师与学生之间的沟通良好，约58.76%的学生认为英语老师对学生要求很严格。学生对教师的上述肯定一方面反映出英语教学中师生之间的良性关系和广大英语教师的教学态度、能力与效果；另一方面也暴露出学生在英语教学中对教师的高度信任和强烈依赖，这与他们在英语学习方面较低水平的自信心和自主学习能力形成鲜明的对照。

（4）教材

就教材而言，学生对教材的难易度感觉趋中，仅有约15.46%的学生认为教材难，约30.93%的学生认为教材简单；约11.34%的学生对教材的趣味性很满意，约40.21%的学生对教材的趣味性大部分满意，约26.8%的学生对教材的趣味性不确定，约4.12%的学生认为教材很枯燥乏味，6.19%的学生认为教材大部分枯燥乏味；约87.63%的学生认为现用教材的使用率为60%~80%。

（5）教学进度与课时

在教学进度与课时方面，约43.3%的学生认为英语课的进度快，担心跟不上，约64.95%的学生认为应大大增加或适当增加英语课时。

（6）英语学习环境

在英语学习环境方面，大多数学生对自己学校的英语学习环境和氛围不满意，仅有约43.3%的学生认为学校英语学习环境好、气氛浓。

（7）新课改的影响

就学生而言，新课改的影响并不显著：约48.45的学生认为"新课程改革对我的英语学习没有影响"，约26.8%的学生不确定新课改对自己的英语学习是否有影响，约24.74%的学生认为新课改对自己的英语学习有影响。

大学新生在答卷中反映出来的是全国不同地区中、小学英语教学的信息，与从主体调查中所得的信息基本相符，能在一定程度上说明该调查研究所得信息的真实性、代表性和可用性。

（四）分析：学校英语课程与教学中存在的问题

上述两项调查研究的发现不仅反映了中小学英语课程与教学的基本状况，也揭示了它们所面临的困难和尚存的问题。

1. 小学英语课程与教学中存在的问题和困难

（1）误解课程标准的作用和要求，导致全县小学匆忙普设英语课程。教育部基教[2001]二号文件、教育部制定的《国家基础教育课程改革纲要》和《国家基础教育英语课程标准》等均属国家层面的教改指导性文件，而非指令性文件，但它们在领会和实施的过程中均被理解为指令性的要求，致使该县乃至全国城乡几乎所有的小学仓促之间普遍开设了英语课程。其实，由于没有足够的、合格的师资，许多小学尚不具备开设英语课程的条件，已开设英语课程的学校其教学质量也得不到保证；有些学校的英语课程实为虚设，只在课程表上有显示，以应付检查，并未进行英语课程的实际教学。虽然小学普遍开设了英语课程，但由于英语学科并非小学的重点学科，且小学升初中没有对学生英语水平的硬性要求，或者说没有统一的英语升学考试，因此小学英语课程实际上成了应景的花架子，上级主管部门、学校领导、学生均未对之给予足够的重视，这不仅直接影响着小学英语教学的质量和学生学习英语的效果，更不利于学生英语学习兴趣的培养和良好英语学习习惯的养成，为其后续学段持续的英语学习埋下了隐患。

（2）小学英语课程与教学遇到的最主要的障碍是师资准备不足。在小学普设英语课程之前，国家没有储备或培训足够的小学英语师资，致使小学普遍缺乏英语教师。另一方面，人们误认为小学英语简单，只要认识26个字母就可以教，于是从其他学科教师中挑选有一定英语基础的教师，使其经过短期培训后上岗执教英语，这已成为一种常态作法。因此，小学英语教师的主体由兼职教师构成，有的教师一身兼教包括英语在内的数科，有的是初中英语教师在校与校之间来回跑教。由于没有接受过英语学科的系统教育，缺乏英语专业素养，甚至连英语语音都没有过关，因此大多数教师对自己掌握的英语知识和具备的英语语言及教学能力没有自信，尤其担心自己的发音不准、语音面貌不好，因此在英语教学中诚惶诚恐，唯恐丢面子、误人子弟。甚至县教研室小学英语教研员亦非英语专业出身。

（3）教学进度与内容、课标要求与教学实际、教与考之间存在矛盾。教学进度要求6课时完成1个单元的教学，实际要在4课时内完成，余出2课时进行听力训练和复习，做省编练习册以备检查；考试是教学的指挥棒，教学围绕考试要求转，考试以笔试为主，即使是听力测试也要求进行书面的笔头答题，因此虽然课标要求重听说，但实际教学则重读写，要求做县教研室要求统一检测的省编练习册，以通过检查、应对考试。

（4）小学英语教学不达标给初中的英语教学造成了负面影响。初中新生的英语水平参差不齐，致使初中英语教学的起点难定，教学进度难以统一，也加大了课堂教学的实际操作难度。许多初中的英语教学不得不从头开始，包括音标教学，因为一些村小实质上没有上过英语课，其毕业生未学过英语。经过小学阶段的英语学习，学生对英语的兴趣水平不一，教学中难以顾全所有学生的感受或调动全体学生的学习积极性。学生在小学学习期间养成的英语学习习惯不一，初中阶段的英语学习中难以达到统一的要求。学生不适应英语学科在初中的重要地位和考试的方式等，导致学习及心理上的双重压力和负担。比较而言，以前学过英语的学生学习状态较好，学习用心、专心，没学过的跟不上教学进程，不专心。

2. 中小学英语课程与教学中共存的问题和困难

（1）基于实用的英语课程目标定位。《全日制义务教育英语课程标准（修订稿）》对英语课程目标的描述立足于学了会用："义务教育阶段英语课程的总体目标是培养学生的综合语言运用能力"，并用"能做某事"句式描述各个级别（共九级）要求的具体目标。《普通高中英语课程标准（实验）》第四部分（一）中指出，"高中学生应该形成的英语共同基础是持续的学习动机和初步的自主学习能力以及综合的语言运用能力"。运用能力指"用英语获取信息、处理信息和传达信息的能力，分析问题和解决问题的能力以及用英语进行思维和表达的能力"。对英语课程目标的这种表述突出了英语课程的实践性，把教学的立足点从"知识科学"转移到"使用能力"上。

　　这种基于实用的课程目标回避了"知识是能力的基础"这一基本事实。中小学生学习英语的首要困难是学会作为语言功能载体的语言结构，掌握不了语言结构就很难形成语言能力。而"能做某事"的课程目标实质上是要学生略过语言结构的学习，通过学习语言功能去"自然地掌握"语言结构①。这给英语教学实践带来了困惑：如何才能让学生学会用所学的英语"做事"？因此，以使学生"能用英语做某事"为指导思想，中小学英语教材均根据情景、话题按单元编写，以期让学生学习一个单元，就学会就一种情景或话题用英语进行交流。为了达到这种目标，课堂教学的目的和重点就是要根据教学进度要求完成教材中的内容，结果往往是教师为赶进度而照本宣科、满堂灌，学生机械模仿、死记硬背。这样，即使学生真的掌握了所学内容，也只是知其然而不知其所以然，只能生搬硬套，而不具备举一反三的能力。学生始终摆脱不了对教师的依赖。

　　（2）不具备必要的英语学习环境和必须用英语的实际需求。我国的英语教学是作为学校课程的英语外语教学，其特点是：既无英语语言环境，又无精通英语的师资，生活中缺乏使用英语的实际需求，且学时分散，还脱离不了汉语及其思维方式的影响②。以小学为例，仓促之间普设英语课程导致英语学习课上与课下、学校与家庭脱节。绝大多数小学生只依靠在一周2~4课时的英语课上学英语，听、说、读英语的训练只能在课堂上进行，下课之后或放学回到家里均没有继续学习英语的

---

① 张正东．张正东英语教育自选集［M］．北京：外语教学与研究出版社，2007：139—141．
② 张正东．张正东英语教育自选集［M］．北京：外语教学与研究出版社，2007：81．

条件：他们自身不具备自学英语的知识基础和自控、自学能力，周围的人如小伙伴、同学、家长等中会英语、能辅导或帮助他们学习英语的也微乎其微，因此，生活中缺乏能让他们学、练、用英语的环境，老师最多只能布置"写"的作业才能让学生回家"有事可做"。更为严重的是，他们在实际生活中没有必须使用英语的需求，使他们认为英语不过是学校的一门课程，会不会英语对他们的生活没有影响，因此也产生不了一定要学会英语的学习欲望。中学的英语教学也遭遇着同样的语言环境和实际需求匮乏。

（3）教材内容及其使用方面存在问题。首先，英语教学内容偏离英语语言知识体系。当前全国通用的中小学英语教材以话题为主，着眼于口头交流，围绕学习者个人和所在社会成员互相交流的需要，从日常生活到政治、经济、科学、技术、文化、时尚等百科知识中选用有关热门信息的语料，并侧重信息的新鲜广泛而不要求语言的规范；重信息沟通速度和广泛联系，不重准确和语言水平。这类语料可读性差，学生只要大体了解了信息就无再读的兴趣；语言的规范性和教养内涵也差，还可能只结合了英语社会的生活而脱离了我国学生自己的实际生活，以至学后既掌握不到衍生性强的语料，也学不到具有深邃教养内涵的英语[1]。调查结果显示，由于现用中小学英语教材是根据情景或话题按单元编写的，因此在知识的基础性、顺序性、衔接性等方面均存在问题。如由于情景或话题的需要，有些较难的语法知识或语言现象很早就出现了，而一些更基础、更简单的语言知识或现象却更晚才出现；教材中的语言知识像一盘散沙，顺序紊乱，缺乏系统性；教材的单元与单元、册与册、年级与年级之间、小学与初中、初中与高中教材之间均存在连贯

---

[1] 张正东. 张正东英语教育自选集［M］. 北京：外语教学与研究出版社，2007：85.

性和衔接性方面的问题①。总体来看，课程标准的要求高于教材、教材的内容和要求高于学生的实际水平。当然，教材方面的有些问题也可能源自师生对教材的不当使用②。

（4）教学方法和教学模式方面存在问题。中小学英语课堂教学还是自觉或不自觉地以讲授法和语法翻译法为主，课堂教学主要由复习旧课、讲授新课、进行操练、强化巩固、小结讲评、布置作业等环节构成。教学的重心在于按照进度要求完成教学任务。教师是课堂教学的主宰。在课堂教学中，教师主动、学生被动，教师讲、学生听，教师领、学生跟。就教学模式而言，由于教学内容多，课时紧张，很难在兼顾到各项语言技能训练的同时，在规定时间内完成所有的教学任务。因此为了节省时间，课堂教学的主要模式依然是教师讲、学生听，学生独立或小组活动时间较少，不能真正地还课堂于学生，使学生成为课堂学习或

---

① 具体来说，现用小学英语教材难易度不均，六年级的教材难度大、趣味性低；城乡小学对全套教材的利用率仅达 70%~80%；现用初中英语教材词汇量大，语言知识缺乏系统性和衔接性，且与课文内容融入性差；尤其是 8 年级教材的上、下册之间难易跨度大，学生很难适应；对全套教材的利用率在 60%~80% 之间。现用高中英语教材普遍偏难，高三的教材尤其难，且使用方便度低、缺乏趣味性，受喜爱程度不高；对全套教材的利用率在 80%~90% 之间。中小学对英语教材的使用尚未走出大一统的现实，如某县的中小学均在使用由人民教育出版社出版的统编教材，没有根据自己实际需要编写的校本教材。

② 师生对教材的不当使用：如教师缺乏对教材的系统研究，不了解教材的编写理念、意图、结构和编写者建议的使用方法；不了解整套教材、某册教材、甚至某单元的知识结构或体系，缺乏教学研究和整体驾驭教材的意识和能力；备一课上一课，见子打子；生搬硬套，照本宣科，不联系实际使用教材。这样，教材本来可能具有的整体性、系统性、衔接性、趣味性等由于这种孤立分割式的处理而被肢解，面目全非，兴味全无，余下的只有一盘散沙似的词汇、语法规则、语言点、句型、课文等。学生更无可能系统研究教材，只能是跟着教师亦步亦趋，机械模仿、死记硬背。

活动的主体，学生的自主性和创造性得不到应有的发挥①。

（5）班额大，教室拥挤。如某省某县的中小学每个班的平均班额均在60~90人之间，有的教室里座位的行与行之间不足30厘米宽，黑板和第1排座位之间不足50厘米宽，教师只能在黑板和第1排座位之间的狭小空间来回走动教学，学生出入教室不得不侧身而行，师生行动和教学活动极不方便！班级人数过多，不利于全班所有的学生充分地参与课堂活动、或受到充分的关注、得到充分的表现。这种状况既不利于师生的身心健康，尤其不利于英语教学活动的充分、有效开展，对学生的注意力水平、自控能力、学习自觉性、参与意识、耐心和自主学习能力等要求高。一名教师同时教这么多学生，师生之间的接触面很窄；在短短的40~45分钟的课堂教学时间内，学生之间以目的语为媒介的接触量也极为有限。课堂以外，学生很难有其他的英语外语信息源，即使有他们也不一定有能力抓住。

（6）现代教育技术的使用存在问题。一方面，在中小学的日常英语教学中很少使用语音室或多媒体设备，教学以教材、黑板、粉笔、录音机等为主要媒体。主要原因之一是很多学校没有语音室或多媒体设备，即使有其使用率也极低，通常只在有重要的教研活动或检查时才偶尔使用，因为教材内容多，进度要求紧，使用传统媒体更简便易行。另

---

① 有时，为了完成计划的教学任务，教师还不得不拖堂，致使课堂教学的有些环节不得不拖到下课铃响之后再匆匆交代，草草了事！就具体的课堂教学方法而言，有些教师在教学中对特殊或意外事件的处理上方法欠佳；教学活动设计过多，且拘泥于设计方案，疲于赶任务，致使没有一项活动能够充分开展，无法使学生的听说技能训练与培养真正落到实处；教学重、难点不突出，胡子眉毛一把抓，忙乱而不得要领，耗时费力。教具的选择使用方面也存在问题，有些教具花哨，容易转移学生的注意力。在使用录音机进行听力训练时用时不合理，起不到应有的作用；黑板板书交代不清楚、字迹过轻，无法充分发挥板书的作用。

一方面，多媒体等现代化教学设备的实际使用中也存在问题①。

（7）教学评价方式单一，考试是教学的指挥棒。对中小学英语教学的评价仍以考试特别是中考和高考的结果为依据，教学重点根据考试的要求来确定，考什么就教什么，不考的就不教。初中的教学重点主要是课文中的语言点、语法结构、句型等。高中教学的主要任务是备战高考，因此平时的课堂教学以解决与考试有关的语法重、难点为主要目的，教学的重点根据高考的要求确定，教材使用的重点是其中的语法内容和语言点，教材内容得不到系统利用。高考对英语教学的影响从小学阶段开始，贯穿全学程各阶段②。对教师的评价是自上而下的，关注的是学生的考试成绩，不是教师的发展。学生的考分是考核教师的量化硬指标，进行分数排队，对教师的鉴定分等、奖惩、晋级、解聘等均以此

---

① 现代化教学设备的实际使用中存在的问题：如当教学在多媒体教室进行时，教室光线暗，学生无法看书或做笔记；教学过于依赖多媒体设备和课件，课堂教学围绕课件展开，教师跟着课件走、学生跟着教师走，完成课件播放和演示变成教学的主要任务，师生在教学中的自主性、灵活性和创造性受到限制。课件制作技术也有待提高：如由于课件色彩不鲜明、对比度不强、清晰度欠佳等原因，上课时即使关上教室的窗帘和灯，课件播放的效果依然不好。

② 小学教师在访谈中反映，小学英语的教学围绕考试要求转；课程标准要求重听说，但由于考试以笔试为主，实际教学重读写，即使是听力测试也要求进行书面的笔头答题，没有条件进行口语考试。如某县小学英语考试的考题由初中老师出，试题难度大，学生得分低，打击学生的学习积极性。初中教研员反映，中考卷面总分120分，其中听力20分，笔试100分；试题难度大，学生得低分者多：得30分以下的学生达20%。教育主管部门或人员主要根据学校每年的中考英语成绩的排名来评价学校英语教学业绩的好坏。高中教师反映：高考是教学的指挥棒，由于考试主要测试语法、读写等，听力仅占30分（20%），无口语测试，因此高中英语教学的重点是语言点、语法结构知识、读写训练，主要教学活动是做题、讲题，课堂听力训练很少，每周能练2次针对考试的听力测试题，口语训练和测试基本没有，学生开口的机会少。农村学生虽然听、说差，但对考试成绩影响不大。师生对教材的评价也以是否有利于备战高考为标准，认为新教材虽然选材的广度和深度有所扩充，用新教材上课很热闹，课堂互动较好，但其知识不系统，训练项目拉的战线太长，不利于系统教学语法知识，不利于为高考做准备；而如果考试不出成绩，学校、学生、家长都不满意。

为据，引起教师之间的激烈竞争，影响教师间、教师与领导间的团结和协作。学生被分成三六九等，其多元智能和个性差异得不到应有的尊重，导致部分学生与教师之间的关系紧张。

（8）教师发展及教学研究方面的问题：长期以来，由于教学评价中过分重视中考、高考结果，教学中把过多的时间和精力用于考试题型的训练，教师守着教科书、教辅和备考资料，强迫向学生灌输与考试相关的知识，成天围着应试转，自己无暇亦无心读书、学习、开展教学科研活动，难以提高专业水平和教学技能。久而久之，不少教师发现自己的专业知识在萎缩，英语仅限于所教的课本知识，教学方法呆板、思路封闭、课堂沉闷，教师个人在教学中的自主性和创造性受到极大的束缚，教学质量难以提高。中小学英语教学研究氛围不浓：对小学英语教师急需的专业培训缺乏专门研究，解决问题乏力；中学英语教学的研究尚停留在如何应对考试，缺乏有针对性的、联系实际的英语课程、教材、教法、学法方面的系统研究。

这些问题已然十分严重，但从 FEELS 假设的视角来看，基础教育英语课程与教学中还存在着更为严重、更为根本的问题：英语课程与教学中无"人"——师生作为个体的人的主体性和主观性的缺失，人的经验和情绪的缺位，人的生活和生命的不在！

二、大学英语课程的教与学

中小学英语课程与教学的情况如此，那么高等学校英语课程与教学的情况如何呢？下面是我对我国自 1949 年新中国建国至今的大学英语课程与教学情况进行的综述性梳理与研究。

所谓"大学英语课程"指的是在我国各类大专院校中为非英语专业的大学生开设的英语课程，它是大学生在校学习期间必修的一门公共基础课程。1985 年之前，针对我国大学非英语专业的学生进行的英语教学被称为"高等学校公共英语课教学",1985 年教育部颁布《大学英语教学大纲(高等学校理工科本科用)》,此后就统称"大学英语"。本书统一使用"大学英语"这一概念,以 1985 年为分界点,讨论大学英语课程与教学的研究情况。

(一) 大学英语课程与教学概况

1. 1949—1985 年期间的大学英语课程与教学

1985 年前我国大学英语课程与教学的发展可划分为以下四个阶段:

(1) 濒临消失(1949—1956 年)

1956 年前,高校外语课程与教学独重俄语而忽视其他语种,特别是英语。教育部规定"高等学校各院系学生必修俄文课,以培养学生能通过俄文在自己所学的业务范围内直接学习苏联的先进经验,更好地提高自己的科学知识和技术水平"①。一度出现了英语课被俄语课所取代,大学外语科目中只开俄语课,英语教师被要求改教俄语课,以英语为外语的大学生不得不改修俄语等现象。"1949 年后,我国大陆高等学校普遍开设俄语课,大学英语(英语专业除外)几乎绝迹。"②

(2) 获得地位(1956—1966 年)

从 1956 年秋季起,教育部决定逐年扩大英、德、法等语种的招生;各校逐渐开始开设公共英语课。1960 年后,大学中修读英语课的学生人数开始逐年增加。1962 年教育部颁布首部《英语教学大纲(试行草案)高等工业学校本科五年制各类专业适用》,出版了上海交通大学凌渭民教授编写的供理工科学生使用的英语教材。1964 年教育部制定《外语教育七年规划纲要》,对外语教育事业的发展提出了一些具体指标,规定"高校共同外语课的语种有英语、俄语、德语、法语、日语,

---

① 王寰. 对改革大学俄文教学的意见 [J]. 俄文教学,1953(3). 转引自蒋玉梅. 大学英语女教师职业生涯发展研究 [D]. 南京:南京大学,2011:93.
② 李良佑. 中国英语教学史 [M]. 上海:上海外语教育出版社,1988:542.

以英语为第一外语",要求"到 1970 年学英语的学生应占 50%,学俄语及其他外语的学生占 50%。要求学生能阅读外文专业书刊;部分学生能进行一定程度的会话;少部分优秀的学生应该达到更高的水平"①。自此,公共英语课在高等学校课程中有了明文规定的地位。

(3) 再遭重创(1966—1976 年):

1966 年"文革"开始,高校停止招生,学校教学秩序被打乱,公共英语课陷入停顿。1972 年高校开始面向工农兵招生,上大学只需政审合格,各高校开设的外语课主要是公共英语课。但在整个"文革"期间,外语教育被认为是"崇洋媚外",外语教师和外语人才涉嫌"里通外国"之罪,人人自危。许多年轻人在"我是中国人,干嘛学外语?不学 ABC,照样干革命!"等言论的蛊惑下,认为学外语不仅无用,反倒有害乃至危险,因此无心或不敢去学。外语被作为"封、资、修"的传播媒体,外语教学基本上处于被取缔境地。

(4) 重获地位(1977—1985 年)

1977 年恢复了高考制度,外语作为参考科目被纳入考试科目之列。此后,中学的外语教学得到全面恢复。1978 年 8 月 28 日至 9 月 10 日教育部在北京召开全国外语教育座谈会,提出《加强外语教育的几点意见》(后简称《意见》),要求各地、各校根据实际情况研究执行。《意见》的第二条规定:"要大力办好高等学校公共外语教育……培养既懂专业又掌握外语的科技人才。高校公共外语课应增加学时,提高教学要求,高年级可指定一、二门课程用外语讲授。公共外语除英语外,有条件的院校还要开日、德、法、俄等语种的课。要充分挖掘学校的潜力,开办各种形式的科技人员、高校理工科教师以及出国留学生的外语培养

---

① 张同冰,丁俊华. 中国外语教育发展史回顾(六)——第五章 新中国外语教育的发展过程[J]. 基础教育外语教学研究,2002(6):22.

班。有条件的院校要开展科技外语教学研究，通过试点，开办科技外语专业，培养从事科技外语教学的教师和其他有关人员。"至此，公共外语课在高校的地位得到进一步巩固。自此，高校的公共英语课教学开始步入正轨，逐步规范。中国公共外语教学研究会、全国高等学校理工科公共外语教材编审委员会、文科公共外语教材编审组等学科学术组织也应运而生，还编写、出版了几套通用的公共英语课教材。1980年，教育部颁布《高等学校理工科公共英语教学大纲》；1985年颁布《大学英语教学大纲（高等学校理工科本科用）》（后简称《理工科大纲》），首次以教育部文件的形式确立了"大学英语"这一学科概念；1986年颁行《大学英语教学大纲（高等学校文理科本科用）》（后简称《文理科大纲》）。

2. 1985年以来大学英语课程与教学改革

从1985年开始，大学英语课程与教学经历了以下三个发展变化阶段：

（1）稳步发展（1985—1999年）

《理工科大纲》和《文理科大纲》的颁行使大学英语课程的教学有章可循。这两部大纲要求教学以阅读为主，确定了教学目标、词汇表、结构表、功能意念表、微技能表和具体的教学内容，将整个大学英语课程分为六级，每级都用定量指标加以具体化，都对其教学对象、教学目的、教学要求、教学安排、测试及教学中应注意的问题等方面作了明确的说明与规定，为大学英语课程的教学提供了政策导向依据和行动纲领，使教与学大学英语课程的师生明确了其教与学的目标。分别以这两部大纲为依据编写的三套大学英语课程教材——《大学英语》（1986）、《新英语教程》（1987）和《大学核心英语》（1987）等从其编写的指导方针、编写原则、培养目标、教学步骤的安排等方面基本上保证了大纲的贯彻执行，成为师生完成教学任务、实现教学目标的主要依据和工具。这一阶段普遍使用的教学方法主要是语法翻译法和听说法,交际性教学法也开始进入研究者的视野。在教学手段上,除了书本、粉笔加黑板外,出现了录音机和语音实验室。大学英语教师队伍以恢复高考后考上高等院校英语专业的本科毕业生为主体,他们虽然经验不足,但年轻、精力旺盛、思想活跃、甘愿吃苦、勇于进取,是一支充满活力、后劲强劲的生力军,为发展中的大学英语课程的教学和研究提供了师资保障。

(2) 步入改革(1999—2004年)

随着新千年的到来,时代发展和社会进步对人们外语交际能力,特别是口头交流能力的新要求打破了大学英语课程与教学发展的相对稳定。1999年教育部修订并颁布《大学英语教学大纲》(修订本)(后简称《新大纲》),2000年推出新的大学英语教学大纲词汇表。教材也随之发生变化,各大出版社纷纷根据《新大纲》研发满足新要求、适应现代化教学手段的新教材,如《大学体验英语》、《新视野大学英语》、《新编大学英语》、《21世纪大学英语》等系列教材,大学英语课程教材的种类进一步丰富。这一阶段,教学方法和手段也得到进一步的丰富和改善,交际性语言教学途径得到更广泛的研究和应用,课堂上开始使用计算机多媒体辅助教学。大学英语教师队伍素质得到进一步提高,英语专业的硕士研究生毕业后开始充实进来。教学评价依然以全国大学英语四、六级标准化统一考试为主要依据和手段,不过,四、六级考试的题型逐渐多样化,主观题的比例加大;并从1999年开始实施全国大学英语四、六级口语考试。这一切都反映出大学英语课程与教学在与时偕进。

(3) 全面改革(2004年至今)

为了将大学生培养成适应时代及科技发展、具有英语综合应用能力的高素质应用型人才,2003年教育部启动"高等学校教学质量和教学改革工程",将大学英语教学改革列为"质量工程"项目之一,制定出《大学英语课程教学要求(试行)》(后简称《课程要求(试行)》),并研制与教材配套的基于计算机和网络的"大学英语教学软件"。2004年,教育部正式颁布《课程要求(试行)》,制定《大学英语四、六级考试改革方案(试行)》。2007年发布《关于进一步深化本科教学改革,全面提高教学质量的若干意见》,大学英语教学改革在全国范围内全面展开,并逐渐取得如下成果:教学理念得到更新,转变了关于教学原则、教师角色、教学模式、教学手段、学习方式以及教学评估等方面的观念。《教学要求》指出,"鉴于全国高校的教学资源、学生入学水平以及面临的社会需求等都不尽相同",不同学校应"根据本校的实际情况,制定科学的、系统的、个性化的大学英语教学大纲,指导本校的大学英语教学"[①]。教学内容的建设得到优化,在编写和修订平面纸质教材的同时,开始系统地建设以网络和计算机多媒体课件和学习软件为载体的立体化教学内容。学生在教学活动中的主体作用开始受到关注:要求教学中精选并传授精当、必需的英语知识,注重指导学生进行个性化的自主学习,培养其综合应用英语的能力。大学英语教师的教学科研得到促进,部分教师开始由教学型转向教学研究型,其科研成果也比以往有了质和量的飞跃。大学英语四、六级考试的内容和形式进一步变革,突出对英语听说能力和应用能力的测试;随着计算机技术的发展和网络的普及,为了进一步提高大学英语四、六级考试的信度,使之更加公平、公正、科学、便利,自2008年开始逐渐在全国实施大学英语四、六级机考(网考)。

至此,在国家高等教育主管部门、英语教育专家、各校教学管理部

---

① 教育部高等教育司.大学英语教学要求(试行)[M].北京:高等教育出版社,2004:1.

门以及大学英语教师的共同参与和努力下，我国大学英语课程在教学目标、管理、内容、模式、手段和评估等方面的改革和研究成效明显，基本形成了以全国通用的教学大纲或教学要求为指导，以英语语言知识、应用技能、学习策略和跨文化交际为主要内容，集多种教学模式、方法和手段为一体的教学体系。

3. 对不同阶段大学英语课程教学研究情况的量化研究

（1）对1985—1999年期间大学英语课程教学研究情况的量化研究

我对1985年至1999年期间大学英语课程教学的研究情况进行了统计研究①。具体而言，我对这期间在东北地区召开的历次大学英语教学研讨会资料、三十多种有关期刊和文集中的436篇有关大学英语教学研究的论文进行了统计，并将它们划归5大类34种研究类型进行分析，结果发现：5个大类按频度和的大小排序依次为教学内容类（33%）、学科课程类（28%）、教法理论类（22%）、影响教学的因素类（14%）和总结归纳类（3%）；居于出现频度前十位的研究类型依次为理论研究、教学法研究、课堂教学研究、大学英语教学研究、听力、阅读、精读、写作及词汇等的教学研究和统考与测试研究。理论研究（53篇次）和教学法研究（52篇次）的单项高频度说明，大学英语研究者已普遍注意到相关理论及教学法流派对大学英语教学的指导作用和重大影响，积极研究如何运用它们来指导教学实践。由于当时大学英语的教学主要采取的是课堂教学形式，因此课堂教学研究仍是广大教师及研究者感兴趣的热门话题。接下来的六种频度较高的研究类型是对大学英语教学中几种主要教学任务的研究。当时的大学英语教学大纲对阅读的要求最高，加强阅读教学、培养和提高学生的阅读能力是整个大学英语教学的

---

① 谢邦秀. 中国大学英语教学的研究现状概述［J］. 外语与外语教学，2000（12）：36—37.

中心环节和重头任务。因此，研究者给予阅读的关注最多：三种阅读教学研究类型（阅读、精读、泛读）的累计出现频度为57篇次，冠于所有的研究类型。听力理解能力和写作技能一直是我国大学生的薄弱点，也是研究者竭力想改进的两项内容，因此，在这两方面也有研究和成果。词汇量的大小关乎一个学生英语整体水平的高低，词汇教学成为大学英语教学的重点，引起了相当一部分教师及研究者的关注与研究。测试，特别是始自1987年的全国大学英语统一考试，是说明教学效果的有效凭据之一，因此引起了教师及研究者较为普遍的关注与研究。在436篇论文中，多达61%的文章研究大学英语课程自身的问题，这说明大学英语研究者的主要精力都集中在（也局限在）对其学科自身的研究上；影响教学的因素类研究占14%，说明大学英语研究者已开始注意到有关因素对大学英语教学的影响；总结、归纳类研究仅占3%，说明这类研究还没有引起大学英语教师及研究者的足够重视。

研究结果所显示的这种不平衡现象可以表明：①绝大部分论文的撰写者都是大学英语教学一线的教师，他们对大学英语课程自身及其具体内容接触最多、感触最深、思考最频，从中发现的想要研究和探讨的问题也最多，因此，撰文讨论的也最多。②作为一门刚刚起步发展的课程，此时的大学英语一方面确实能给其研究者提供无尽的研究课题，使他们乐此不疲；另一方面，由于研究者主体大多是教学一线的年轻教师，因此有能力关注影响大学英语教学的因素的人为数不多，而能够涉足总结、归纳类研究的人更是寥寥无几。理论、教法类研究共有三种研究类型，其频度和为114篇次，其中理论研究53篇次，教学法研究52篇次，而教学模式类研究仅9篇次。这种悬殊的对比反映了此时大学英语教学研究中一种令人喜忧参半的现实：前两种研究类型的高频度表明，相关的理论及教学法对大学英语教学的作用和影响已引起了大学英语教师及研究者的普遍关注，而且已经取得了相当丰硕的运用研究成果;而教学模式类研究出现的频度过低则表明,此时的大学英语教学在理论方面的研究尚处在借鉴和利用这个层次上,绝大多数研究者还未能做深入研究,将有关理论消化、吸收,并结合教学实践将其转化为有自己特色的大学英语教学模式。

以下几项研究结果可以从不同侧面印证上述结论。杨忠等以东北两所大学为主对1997年到2000年大学英语教师的科研情况进行的调查研究发现,相对于英语专业教师而言,大学英语教师在总体科研成果上,尤其在高水平学术研究(体现在在学科级、核心级刊物上文章发表的数量和国家级和省级科研项目的内容层次上)领域中差距明显,其专著数量极少,仅为英语专业教师的十分之一,这说明大学英语教师在科研能力上还有着学科专业上的局限性。[①]夏纪梅关于教师科研现状的调查结果显示,大学英语教师中完全没有撰写过教学研究论文和不知道如何写的人有24%,完全没有编写过教材和不知道如何编写的人有37%,完全没有参加过更没有主持过教学研究项目和不知道如何申请也不会写课题论证的人占50%以上,完全没有做过教学实验/试验和不知道如何做的人占40%,完全没有做过教学统计分析和不知道如何做的人占39%,完全没有命题经历和不知如何命题的人占22%,完全没有对试题做过分析和不知道如何分析的人占30%,采用过量化研究方法的只有15%。[②]另一组关于大学英语教师科研状况的调查研究数据显示:科研要求给大学英语教师带来了巨大的心理压力,仅29.6%以上的教师对自己的科研成果和能力感到满意;64.3%的教师搞科研是出于晋升职称的需要等外部动机,而非对科研的内在兴趣;95.1%的教师反对将科研成

[①] 杨忠,张邵杰,谢江巍.大学英语教师的科研现状与问题分析[J].外语教学,2001,22(6):80.

[②] 夏纪梅.大学英语教师的外语教育观念、知识、能力、科研现状与进修情况调查结果报告[J].外语界,2002(5):35—41;转引自蒋玉梅.大学英语女教师的职业生涯发展研究[D].南京:南京大学,2011:103.

果与职称评聘挂钩；50%以上的教师科研兴趣不浓；就研究的内容而言，他们最喜欢从事的主要是英语教学研究和测试研究；40%以上的教师表示自己非常熟悉的科研方法是根据教学实践总结出规律，而按照这种方法从事科研很难得出有价值、能验证的观点，更谈不上提出理论假设，因此写出的文章多属于经验总结式的，离国际科研规范还有一定距离。①

（2）对2000—2009年期间大学英语课程教学研究情况的量化研究

王静对进入21世纪以来大学英语课程教学研究的变化与发展情况进行的研究②可以说是上述我的研究的延续。她从2000—2009年的10年间国内10种外语类核心刊物上选取了463篇关于大学英语教学的论文进行统计，将它们划归5大类（同我的研究的分类）31种研究类型进行分析，结果发现：5个大类的顺序（除了教学内容类以外）和各自所占的比例发生了很大的变化，依次为教学内容类（28.9%）、影响教学的因素类（25.3%）、教学理论类（16.3%）、总结归纳类（14.9%）和学科课程类（14.7%）。居于频度前十位（共11类）的研究类型的种类及位次也变化显著，依次是：实证实验调查研究、统考与测试研究、网络多媒体等教育技术研究、教学模式研究、理论研究、写作教学研究、教材研究、教学改革研究、教学法研究、学习策略研究、口语教学研究。③

这些变化说明，随着时代的发展和大学英语作为一门课程整体的发展和变化，大学英语教学研究的关注点也在随之发生显著变化。具体表

---

① 刘润清，戴曼纯. 中国高校外语教学改革现状与发展策略研究 [M]. 北京：外语教学与研究出版社，2003：38—56.
② 王静. 中国大学英语教学研究近况及展望——对十种外语类核心期刊近年（2000年—2009年）的统计归类分析 [J]. 语文学刊（外语教育教学），2009（11）：91—92.
③ 同上书：91.

现为：①关于实证实验调查研究的论文数位居第一，说明大学英语课程教学的研究方法在走向量化，更多的大学英语教师及研究者开始采用更具科学性的实证、实验及调查研究等量化研究方法来研究大学英语课程教与学中的问题。从科学化的角度来看，这使得研究的形式更科学、规范，研究的结果更可信、有效，研究成果的科学性水平更高，因此更受对文章的科学性水平要求较高的外语类核心期刊的青睐，获得了最高的发表率（相对于其他有关大学英语教学的研究论文而言）。②关于统考与测试研究的论文发文率跃居第二位，说明越来越多的研究者在关注大学英语四、六级考试自身、其改革以及其对教与学的影响和反拨作用。由于标准化考试本身对科学性的要求，随着标准化的四、六级考试不断改革并建立网考机制，关于统考与测试研究的论文相对而言具有受丰富的统计数据支持的较高的科学性水平，因此频见于外语类核心期刊。③网络多媒体等教育技术是随着计算机科学和网络信息技术日新月异的发展而产生的最新型的教学辅助媒体和手段，其快捷性、便利性、丰富性、直观性、交互性、游戏性等特点与语言的交际性原则十分合拍，关于网络多媒体等教育技术之于大学英语课程教学的研究文章紧扣时代发展的脉搏，能够随时、及时地反映出大学英语课程教学媒体和手段与时俱进的变化，因此成为受到许多研究者关注的新的、独具价值和魅力的研究课题。④理论研究和教学法研究方面的论文相对减少，而研讨教学模式的研究论文大幅度增加（是前十年的5倍），这说明越来越多的研究已不再局限于对理论及教学法运用的抽象解释和泛泛讨论，走出了对国外语言学及教学法理论的生搬硬套阶段，开始在借鉴和利用的基础上消化、吸收外来理论，化抽象为具体，将适当的语言学和教学法理论结合进自己的教学及研究实际，在实践中探索能够满足教学需要、具有自己独创特色的大学英语教学模式。⑤不同于前十年关于阅读教学的研究独大的状况，社会对大学毕业生在对外交流活动中主动输出英语的能力的要求使口语和写作能力的培养成为大学英语课程教学不可忽视的任务，因此，关于口语和写作教学的研究引起了越来越多研究者的关注，也产生了不少具有较高质量的研究成果。

　　此项研究的结果显示，与前十多年（1985—1999年）的研究情况对比而言，近十多年（2000年至今）大学英语课程教学的研究情况变化显著：①关于实证实验调查、统考与测试、教学模式、教材、教师素质、教学改革、学习策略等方面的研究论文的数量大幅度增加，说明持续不断的大学英语课程教学改革已经渗透到教师及研究者日常的教学研究工作之中，教学和研究开始紧密结合。②一些新的或以前处于弱势、被忽略的领域，如关于网络多媒体等教育技术、学习者因素、自主学习、口语教学等的研究得到了开拓，引起了越来越多的大学英语教师及研究者的重视，为接下来的进一步研究奠定了基础。③研究者的科研水平有了大幅度的提高，具体表现在以下几个方面：第一，研究的方法更趋量化，产生了一批具有较高科学性水平的实证及实验研究成果。第二，研究的视野更广阔，研究成果的关注面涉及从内因到外因，从微观分析到宏观总结的不同层面。第三，研究的领域更全面、均衡：涉及各大类的研究成果的数量没有悬殊的差异，关于教学内容（内因）的研究和关于影响教学的因素（外因）的研究的频度和相当，说明研究者所探讨的问题不仅关涉大学英语课程自身的内容，也同时关注到与之相关的各种外部因素；教法理论类研究、总结归纳类研究和学科课程类研究的频度和亦相当，说明研究者已在从多维度更全面地研究大学英语课程教学中存在的各种现象、问题及对策。第四，研究成果的科学性水平更高：此项研究分析的463篇文章全部刊登在国内学术界认可度较高的10种外语类核心期刊上。这些刊物对发文质量的要求可以从一个侧面证明这些文章的科学性水平，刊物的地理区域分布则可以说明这些文章作为研究样本的广度与代表性。这些明显的变化表明，自2000年以来，大学英语课程教学的研究已相对独立，能根据时代的发展和课程自身的情况与需要进行针对性更强的研究，达到兼顾内因与外因，联系理论与实践，产生科学规范的研究成果，并获得一定认可及应用的研究效果。

（3）对1986—2010年期间大学英语课程教学研究情况的量化研究

刘春阳和赵雯的研究①可以说是对上述我和王静的两项研究的总结，印证了其研究结果，把到了大学英语教学研究发展的总体脉络。他们利用中国知网（CNKI）对从1986年1月至2010年9月的25年间全国各类期刊所刊载的有关大学英语教学的文章及相关硕、博士论文进行了文献综述研究。由于新一轮的大学英语教学改革（以2004年1月《教学要求（试行）》的颁行为标志）要求广泛采用先进的信息技术，推动基于计算机和课堂的英语教学改革，因此他们以这一轮改革为背景，以"大学英语教学研究"为限定的选题，以"大学英语"和"计算机"为限定的关键词在中国知网上检索，搜索出关于大学英语教学研究的文章1368篇，其中思辨性文章（指"那些作者从自身经验、学识积累出发，缺乏理论框架和实证研究的文章"②）351篇，实证性研究为1017篇。为了研究《教学要求（试行）》对大学英语教学研究的影响，他们以2004年为起止点，对上述文章进行进一步归类和对比分析，发现：在351篇思辨性文章中，2004年之前为71篇，之后为280篇；在1017篇实证性文章中，2004年之前为103篇，之后为914篇；2004年之前思辨性文章占文章总数的40.8%（71∶103），而之后只占23.5%（280∶914）。这一比例的下降说明，大学英语教学研究更趋于科学化，越来越多的研究者开始在语言学与教学理论的指导下开展大学英语教学的实证研究。统计结果显示：①在教学内容的研究方面，大学

---

① 刘春阳，赵雯. 大学英语教学研究文献综述［J］. 中国冶金教育，2011（6）：58—62.
② 同上书：59.

英语教学研究的重点已经从关注语言知识的传授转向关注语言技能，特别是听说技能的培养。②关于教师教学方法、教学模式、教学手段和策略的研究在2004年前后有显著变化（26∶342），关于教学模式的研究变化尤为显著（11∶197），这些研究成果表明，计算机、多媒体及网络等现代信息技术正日益广泛地应用于大学英语教学及研究之中，传统的以教师讲授为主的教学模式正逐渐被基于计算机和课堂的新的教学模式和手段所取代。③关于学习策略和自主学习能力培养的研究引起了越来越多的人的关注（5∶87），关于学生的情感因素、学习动机的研究也有一定幅度的增加（2∶38），可以一定程度上体现《教学要求（试行）》中所提出的以学生为本、提倡学生个性化自主学习的理念；也可以显示大学英语教学已开始走出以教为中心，开始关注学生自主学习能力的发展。④关于教学评价的研究从2004年前仅有关注终结性评价研究，变得更多元化（2∶32），开始既关注终结性评价（11篇），也关注形成性评价（21篇）。这也说明大学英语教学的评价已开始逐步走向多元化。⑤目前的研究存在如下问题：对大学英语教学管理的研究有待加强，对语义、语用及文化教学等方面的研究有待深入，对大学英语校本课程和教师发展的研究亟待加强。

上述研究梳理了大学英语课程与教学发展、变化的脉络，从不同侧面对大学英语教学的不同方面进行了分析和评价，一定程度上展现了对大学英语课程与教学的研究的概貌。

（二）大学英语课程与教学的基础理论研究

作为世界范围内语言教学的一个组成部分，我国不同时期的英语教学都在不同层面、不同程度上受到一些国外语言学和心理学研究成果的影响。

1. 1985年前大学英语课程与教学的基础理论研究

1949至1966年期间，我国高等学校公共英语课教学以学习苏联和东欧一些国家的理论和经验为主，有影响的理论框架有两个：一个是斯大林的"马克思主义与语言学问题"，另一个是苏联科学院研究员马尔科夫的词频统计及相关理论。斯大林对语言特点进行了概括：语言变化演进与语言中基础词汇和语法结构具有历史性和相对稳定性，语言作为交际工具具有全民性和社会继承性，在有语言存在、用语言交际的社会中语言与思维具有统一性和一体性。马尔科夫在他于1959年发表的一篇论文中论述了词汇量与掌握语言的关系，提出了"学五千单词即可掌握一门语言"的论断。这两个理论框架在我国大学外语教学史上起了不可忽视的指导作用①。"文革"期间（1966—1976年）的高校公共英语课教学受到国内政治环境的严重干扰，英语课由文化公共课下降为扫盲课。高校校园内只讲政治没有学术，管理独断专横，推行一个观点，扶持一本教材，用一种模式统一整个公共英语教学。从"文革"结束至1985年（1977—1985年）期间的高校公共英语课教学也有明显的时代烙印：长期闭关自锁后一旦开放，国外各种流派的语言学及语言教学理论（如"转换生成语法"、"功能意念语法"、"社会语言学"、"心理语言学"、"模糊语言学"、"神经语言学"、"阅读心理学"、"交际法"、"综合法"等）如潮水般涌入国内，使人耳目一新，目不暇接，忙于学习、模仿。

2. 1985年以来大学英语课程与教学的基础理论研究

1985年以来，对大学英语课程教学影响较大的相关基础理论主要有语言学及心理学理论。经过一段时间的学习、模仿、摸索，大学英语教师及研究者在其教学研究中逐渐认识到，在语言学的众多分支中，应

---

① 陈仲利，杨同福. 大学外语教学与研究［M］. 北京：清华大学出版社，1997：2.

用语言学、社会语言学和语用学理论对大学英语课程教学的影响较大。要实现大学英语课程的教学目标，教学中应遵循语言的交际性原则，将语言知识教学、语言技能培养与文化知识传播有机地结合起来，使学生既具有必要的语言技能和交际能力，又具有相应的文化交往能力。应从过分强调语法规则教学而忽视语用原则的局限中走出来，在传授语言知识的同时，注重超语言知识的介绍与讲解。这里，超语言知识包括政治、经济、科学、文化、习俗以及其他相关的背景知识，可细分为生活常识、文化知识、语用知识和篇章结构知识等。应注意在精讲各种相关知识的基础上，营造适宜于交流的英语学习氛围，调动学生的积极性，使他们可以通过丰富多彩的交际性英语教学活动综合运用所学的英语知识与技能。

对大学英语课程与教学影响较大的心理学理论包括认知心理学、学习心理学、语言心理学和阅读心理学等。皮亚杰（Piaget）的图式理论、卡鲁尔（J. B. Carroll）的认知教学法和克拉申（S. D. Krashen）的"语言习得"理论为大学英语基础理论研究带来了新的启示，出现了不少研究成果。

（三）大学英语课程的教学大纲研究

对我国大学英语课程与教学而言，教育部颁行的全国高等院校通用的教学大纲起着极其重要的定位和指导作用。

1. 1985 年前大学英语课程的教学大纲

新中国成立初的十余年没有全国统一的大学英语教学大纲和教材，英语课的教学一般以由各高校的英语教师为本校非英语专业的学生编写的非公开出版的英语讲义为依据。1962 年，教育部颁布了第一部高等学校公共英语课教学大纲——《英语教学大纲（试行草案）高等工业学校本科五年制各类专业适用》，以培养学生阅读专业英文书刊的能力为教学目的，强调结合专业来打语言基础。但随着"文革"的到来，该大纲未能得到真正的贯彻实施。1980年,教育部委托中国公共外语教学研究会和全国高等学校理工科公共外语教材编审委员会依据1979年前后入学的大学新生的英语水平,制定了全国《高等学校理工科公共英语教学大纲》。该大纲首次以国家政府文件的形式确立了英语在高等教育中的地位,结束了公共英语课教学可有可无、各自为营的无组织状态,提出了国家对高校公共英语课教学的统一要求。但在执行过程中,《高等学校理工科公共英语教学大纲》在具体的教学要求及对教学的评价和检查方法等方面存在的不足逐渐显露出来。因此,1982年4月在武汉召开的全国高等学校公共英语课教学经验交流会上,大多数院校的代表提出了修订理工科公共英语教学大纲的建议。同年7月,教育部以文件形式印发的《高等学校公共英语课教学经验交流会纪要》肯定了修订大纲的建议,要求新修订的大纲更好地适应新形势的需要,体现科学性、先进性、实用性和灵活性,并对新大纲中的教学目的、教学安排、测试标准作了原则上的规定。1985年3月,《大学英语教学大纲(高等学校理工科本科用)》(以下简称《理工科大纲》)正式出版发行。随着该大纲的诞生,"高等学校公共英语课教学"这一名词也为"大学英语教学"这一名称所取代。然而,《理工科大纲》所针对的教学对象只包括高等学校理工科本科生,其教学目的、教学要求以及具体的教学安排都不能完全适用于针对综合性大学、师范院校和文科院校的学生进行的英语教学。因此,在1984年5月于杭州召开的《理工科大纲》的审定会上,综合性大学、师范院校和文科院校的与会代表一致要求参考《理工科大纲》,将文、理分科大纲修订成一个适合于各类大专院校使用的文理科通用大纲。1986年4月,《大学英语教学大纲(高等学校文理科本科用)》(后简称《文理科大纲》)正式出版发行。在这两部大纲的指导下,大学英语课程与教学进入稳步发展时期。

2. 1985年以来大学英语课程的教学大纲

1999年教育部修订并颁布《大学英语教学大纲》（修订本）（后简称《新大纲》），《新大纲》针对的教学对象不再受学生所学专业的局限，不再分文理科或理工科。与《理工科大纲》和《文理科大纲》相比较而言，《新大纲》重视培养学生的交际能力和英语应用能力，对大学英语课程的教学目的、教学要求、教学原则、教学方法和教学评价等方面都提高了要求，增加了对译的技能的要求，强调要培养学生具有"较强的阅读能力，一定的听说写译能力"，并"能用英语交流信息"，要求把教学重点放在打好语言基础上，使学生不仅掌握语音、语法、词汇等语言知识，还要运用这些知识进行读、听、说、写、译，即具备综合应用英语的能力；还首次在大纲中提出要注重提高学生的文化修养。2000年推出新的大学英语教学大纲词汇表。[①]《新大纲》的颁行将大学英语课程与教学带入一个顺应时代发展的调适期。但随着计算机网络技术的迅速发展和其在课程教学中越来越广泛的使用，《新大纲》对大学英语课程与教学进行的局部调适无法适应在多媒体和网络环境下实施的大学英语课程教学，不能真正满足多渠道培养大学生英语综合应用能力的需求。于是2004年，教育部颁布《大学英语课程教学要求（试行）》，并委托四家出版社研制与教材配套的基于计算机和网络的"大学英语教学软件"，2006年对《课程要求（试行）》进行修订，2007年颁布修订后的《大学英语课程教学要求》（简称《课程要求》），要求进一步推进和实施大学英语教学改革，深化大学英语教学内容和教学方法改革，充分运用优质教学软件和教学资源，推动高校建立网络环境下的英语教学新模式，切实促进大学生英语综合应用能力，尤其是听说

---

① 黄滨. 浅析《大学英语教学大纲》（1999年修订本）对学生的要求[J]. 湖北中医学院学报, 2002 (3): 61.

能力的提高。

（四）大学英语课程的教材研究

1985年以前，各高校的公共英语课程同时使用国外教材和国内教材，没有统一的要求。

1985年至1999年期间，国家教委责成全国大学外语教材编审委员会进行大学英语课程的教材建设，力争在尽可能短的时间内编制出具有较高质量、适合大学英语教学特点、满足大学英语教学要求的相对统一、相对稳定的教材，建立大学英语课程自己的教材体系。这样，从1986年开始，一批针对大学英语的教学对象编写的大学英语教材如《现代英语》、《大学英语》、《新英语教程》、《大学核心英语》等系列教材相继出版并投入使用。

《现代英语》（*Modern English*）的第一版于1986年由中国高等教育出版社与英国麦克米伦出版公司联合出版。这是一套直接从英国引进、由国内英语界专家审稿的系列教材，包括读与写、泛读、听力等教程。教材本身的水平与质量毋庸置疑，但对于当时我国使用它进行大学英语教学的师生而言，它却有其不尽如人意之处：全套教材在编排体例上完全采用英文原版教材的模式，从首页到末页均为英文，没有任何汉字注解与说明，课文后没有生词表，课文与课后练习之间无明显隔断。这一切使得当时的大学英语学习者很难适应，他们觉得用起来很不方便。另一方面，全套教材无前言、使用说明或后记等让使用者明确教材的编写目的、适用对象及使用后应达到的教学目标等的说明性文字，使教师觉得教起来心里没底，不知教完后要达到什么教学目的，能取得什么样的教学效果。因此，很多一度使用该教材的院校很快就终止了对它的使用。

《大学英语（文理科本科用）》（高等学校试用教材）由上海外语教育出版社于1986年出版第一版，1988年出版第二版（第一次修订），

1991年在对它进行进一步修订之后,定为"高等学校教材",由上海外语教育出版社以《大学英语》(College English)为教材名称出版了第一版;1998年6月,新版的《大学英语》(其第一版的修订及完善版)出版。它是根据《文理科大纲》编写的一套系列教材,分精读、泛读、听力、快速阅读、语法与练习等五种教程,前四种各按分级教学的要求编成六级,每册一级。整套教材有前言,每本书有具体的使用说明,使使用者对其编写目的及原则、教学对象、教学目的、教学要求和使用方法等一目了然。它重视英语语言基础,从各方面保证文、理科的通用性,适用于当时大学英语基础阶段的教学,因此得到大学英语教学界的认可,尤其受到综合性大学、师范院校和文科院校师生的青睐。使用它的院校较多,范围较广,是当时使用者群体最大的大学英语教材之一。

《新英语教程》(New English Course)由清华大学出版社于1987年出版第一版,1994年出版第二版(第一版的修订版)。它是由清华大学外语系主持,根据《理工科大纲》编写、由国家教委大学外语教材编审委员会审定的全国通用的一套大学英语教材,包括阅读、听说、写作等主干教材,补充读物、快速阅读、词汇练习册、语法结构、听说练习册、四级听力模拟练习和文史哲系列读物等辅助教材,以及阅读、听说、大学英语通用词汇例句库等教师参考书。整套教材前言明确、说明具体、使用方便,在强调打好语言基础的同时,也注意反映科技英语的特点,尤其适用于理工科院校。因此,它也拥有一个较大的使用者群体,是深受当时的大学英语师生喜爱的另一套大学英语系列教材。

《大学核心英语》(College Core English)各册的第一版从1987年开始陆续由高等教育出版社出版。它是根据《理工科大纲》,针对理工科院校学生编写的一套大学英语系列教材。其核心教程——读写教程包括三大部分:阅读技能(Reading skills)、阅读材料(Reading passages)和写作技能(Writing skills),共六册,每级一册,分别适用于大学英语

1~6级的教学。教材的前言不仅详细介绍了其编写原则和全书的结构与特点，而且提出了使用它的教学方法建议，给使用者提供了方便，受到许多理工科院校师生的欢迎，也拥有一个较稳定的使用者群体。这样，《大学英语》、《新英语教程》和《大学核心英语》等三套我国自主编写的系列教材形成了鼎足之势，成为被国家教育部门及外语界权威机构认可、受广大大学英语师生喜爱的全国通用的大学英语主要教材，形成了大学英语课程自己的教材体系。

但时代的发展不断对大学英语课程的教学内容及其载体提出新的要求，现代科技，特别是计算机和网络技术的迅猛发展引发了又一轮大学英语课程教学内容改革和新教材编写高潮。此次对教学内容的改革不仅体现在纸质教材的编写上，还体现在对以计算机多媒体课件和网络为载体的立体化教学内容的建设上。自2002年以来，教育部批准出版了以下诸种体现《教学要求》中的教学目标的大学英语课程系列教材：《大学体验英语》（高等教育出版社）、《新视野大学英语》（外语教学与研究出版社）、《新时代交互英语》（清华大学出版社）、《大学英语立体化网络化系列教材》（北京大学出版社）、《21世纪大学英语》（复旦大学出版社）、《新世纪大学英语系列教材》（上海外语教育出版社）、《大学英语》（第二、三版）（上海外语教育出版社）、《新标准大学英语》（外语教学与研究出版社）等。每套教材都将纸质课本、光盘和网络学习系统整合在一起构成立体化教材系统。这种通过多种载体构建的教材内容使原本抽象、单调的平面教学内容转化成形象、有趣、可视、可听、可交互的立体动感内容。各套教材的总体设计均遵循了以下原则：(1) 以应用为目的，注重英语综合应用能力培养，突出听说训练。(2) 正确处理英语知识与应用的关系，把语言知识融于课堂交际活动中，设计实用性的交际活动。(3) 适合文理工各科使用，体现其共性内容。此外，为了满足学生进一步提高外语水平及个性化发展的需求，外语教学与研究出版社、高等教育出版社和上海外语教育出版社还开发了一批拓展类的大学英语选修课教材。这样一批针对面广，有声、有色、有形、互动的教学内容能够更有效地激发不同层次院校不同学科专业的学生学习英语的兴趣，使他们积极投入需要反复循环的英语语言学习过程，实现其学习目标。①

（五）大学英语课程的教学方法研究

1. 1985年前的大学英语课程教学方法

新中国成立初到"文革"前，由于英语教学的缺失，几乎难以谈到遵循某种语言教学方法的英语教学。"文革"期间的高校公共英语教学受到政治环境的严重干扰，教学内容主要是各种政治口号，违反语言教育教学规律、践踏教学基本原则的做法比比皆是。1978年后高校恢复了公共英语课程，但是英语教学通行语法翻译法，这是明显的时代局限性。

2. 1985年以来大学英语课程的教学方法探究

1985年以来，随着几部教学大纲和教学要求的颁行与修订和教材体系的形成与发展，怎样利用教材、通过课堂教学来实现教学大纲和教学要求所规定的教学目标成为摆在广大大学英语教师及研究者面前的一个课题。他们尝试着利用以下各种教学方法来指导教学实践。

语法翻译法（Grammar-translation Method）的影响很大。它是运用本族语和外语之间的相互翻译来进行外语教学的一种方法。其特点包括：重视书面语，重视语法规则的教学，以翻译为教、学、练的主要活动形式。但它强调的一些做法，如过于依靠本族语、口语与书面语分离、练习形式单一等，不能满足大学英语教学发展的需要。不过，语法翻译法本身无所谓好坏，如果运用得当，仍不失为一种简便而实用的大

---

① 赵露. 大学英语教学改革与研究综述 [J]. 黄山学院学报，2010（4）：116.

学英语教学方法。

听说法（Audio-lingual Method）是另一种长期以来一直影响着大学英语教学尤其是其听力教学的外语教学方法。它认为：语言学习是一种机械的习惯形成的过程；教学以教对话和句型操练为主，听和说是教学的中心任务。

交际性语言教学法（Communicative Language Teaching Approach）认为语言教学的目标是培养交际能力，遵循的原则是：学习者通过语言交际来学语言，课堂活动必须是真实而有意义的交流，保持交流的连续和流畅，必须适合环境、参与者的角色、以及交际的目的，重视信息共享和信息传递，重视心理语言加工处理过程，鼓励学习者猜测和从其错误中学习，鼓励进行同时涉及多种技巧的"整体练习"。这些原则可以支持广泛而多样的课堂教学程序、步骤及实际操作方式。因此，它也开始受到我国大学英语教师及研究者的关注，一些教师就如何在课堂教学中使用它进行了实验研究。

大学英语教师及研究者对上述的语法翻译法、听说法和交际性语言教学法以及诸如情景法、直接法、暗示法等的探索、试用，丰富了我国大学英语教学法研究。

（六）大学英语课程的教学评价研究

《理工科大纲》和《文理科大纲》的颁行对大学英语课程与教学的评价手段提出了新的、具体的要求，其中的标志性事件是要求在全国范围内进行大学英语四、六级标准化统一考试（College English Test），大学英语四级考试始自1987年9月，大学英语六级考试始自1989年1月。

全国大学英语四、六级统一考试是我国外语教育界一件影响深远的大事，不仅对推动大学英语教学大纲的贯彻执行和提高大学英语教学质量起着巨大作用，而且在社会上产生了很大的影响，以致许多用人单位将应聘者是否持有大学英语四、六级考试合格证书作为招聘员工的基本条件之一。但这种每次考试不变的题型、占分比例过高的客观选择题、各高校对四、六级考试通过率的攀比以及社会对考试结果的认可方式等等使四、六级考试俨然成为一种针对全社会的英语水平等级测试,成为大学英语课程教学的一根指挥棒,致使大学英语的实际教学中出现了日益严重的应试教学现象,严重干扰了正常教学的进行,一定程度上阻碍了学生语言能力的培养和提高。鉴于这种情况,为了使大学英语四、六级考试回到"以教学为中心"、"为教学服务"的大学英语课程"教学考试"的轨道上来,全国大学英语考试委员会对大学英语四、六级考试进行了多次改革:1996年考试加大了主观题的比例;2005年加大了听力理解的题量,比例从20%提高到35%;2008年开始实施网考。

任何一项大规模标准化考试的发展都是一个不断改进的过程。作为一种社会普遍关注、学校高度重视、参与者高度认可的标准化统一考试,大学英语四、六级考试仍需进一步改革。

(七)大学英语课程与教学研究方法的发展

研究大学英语课程与教学的方法经历了以下几个发展阶段:模仿苏联经验阶段;有政治无学术研究阶段;借鉴外来英语教学法理论阶段;研究大学英语课程教学自身问题阶段;走向实证、量化研究阶段。本书分1985年前后两个阶段叙述。

1. 1985年以前大学英语课程与教学的研究方法

在20世纪50和60年代,大学英语课教学以学习苏联和东欧一些国家的理论和经验为主,照搬苏联理论,模仿苏联经验,缺乏独立系统的理论研究与总结。"文革"期间的高校公共英语教学亦受到政治环境的严重干扰,英语课由文化公共课下降为扫盲课。校园内只讲政治不论学术,管理独断专横。从"文革"结束至1985年,长期闭关自锁后一旦开放,各种来自国外的英语教科书(如《英语900句》、《新概念英语》、《基础英语》、《英语阅读丛书》、《英语阅读发展技巧》、《牛津英语》、《英语托福考试指南》等)和国外各种流派的语言学及语言教学理论(如"转换生成语法"、"功能意念语法"、"社会语言学"、"心理语言学"、"模糊语言学"、"神经语言学"、"阅读心理学"、"交际法"、"综合法"等)如潮水般涌入国内,使人耳目一新,目不暇接。此时高校公共英语课教学的研究仅限于翻译、介绍、借鉴这些外来的教材和教学理论。

2. 1985年以来大学英语课程与教学的研究方法

1985年以来的头十年,年轻的大学英语教师及研究者群体一面学习、领会教学大纲的精神,一面通过课堂教学实践来研究教学,形成了研究大学英语教学自身问题的氛围。当时大学英语教学研究成果的交流、发表渠道比较宽广多样,除了在各种刊物上撰文外,各种研讨会为大学英语的教学研究和交流提供了广泛的可能性。

2000年至今的十多年里,大学英语研究出现了这样的倾向:只有发表在为数不多的中文和外语类核心刊物上的研究成果才被认为在晋级、评优中有价值;只有实证类研究成果才有可能被发表在这样的刊物上。大学英语教师及研究者不得不走上量化、实证化研究之路。《语文学刊(外语教育教学)》2009年第11期上发表的王静的《中国大学英语教学研究近况及展望——对十种外语类核心期刊近年(2000年—2009年)的统计归类分析》[①]一文从一个侧面显示了进入21世纪以来大学英语课程教学研究情况的变化与发展。从文章的题目即可看出,该研究采用的是实证研究方法中的统计分析方法;被认为有价值的研究样

---

① 王静.中国大学英语教学研究近况及展望——对十种外语类核心期刊近年(2000年—2009年)的统计归类分析[J].语文学刊(外语教育教学),2009(11):91—92.

本的来源具有广泛的认可度和代表性，即"十种外语类核心期刊"①。事实上，该研究中用作统计分析的样本是选自2000年—2009年的10年间刊登在国内10种外语类核心刊物上的463篇关于大学英语教学的论文，样本被划归5大类31种研究类型。研究结果说明，大学英语课程教学的研究方法在量化方面迈出了一大步，越来越多的研究者开始采用实证、实验及调查研究等研究方法来研究大学英语课程教与学中的问题。

（八）对大学英语课程与教学研究的评价

1. 对大学英语课程与教学现状的批评

蔡基刚在其《大学英语教学：回顾、反思和研究》② 一书中对我国大学英语教学从国家政策、教学大纲、教学目标、词汇要求、课程设置、教材、教学模式、教学评价等诸方面进行了反思性评述。虽然此书主要是对官方关于英语课程与教学文件的评价，但是仍然具有代表性，值得在这里转述。

首先，就国家政策而言，他认为我国英语教学费时、低效，原因在于英语教育政策的制定存在问题。因此大学英语教育政策的制定必须考虑到以下因素：英语在我国是作为外语来教与学的；国家的政治、经济、社会和学生对英语的需求；我国的国力，包括教育资源、外语学习的社会环境、学生学习的动力及其基础、教师的数量和质量等；不同地区大学新生的英语水平、师资状况和教学环境等。他呼唤外语政策的制定要民主化、科学化，要开展调查研究，重视专家作用，分清政府职责。

---

① 这十种外语类核心刊物分别是《外语教学与研究》（北京）、《外语与外语教学》（大连）、《外语界》（上海）、《外国语》（上海）、《现代外语》（广州）、《解放军外国语学院学报》（洛阳）、《四川外语学院学报》（重庆）、《外语研究》（南京）、《外语教学》（西安）、《外语学刊》（哈尔滨）。

② 蔡基刚. 大学英语教学：回顾、反思和研究 [M]. 上海：上海外语教育出版社，2006.

第二，就教学大纲而言，他认为《理工科大纲》、《文理科大纲》和《新大纲》三者虽然在当时起到了规范和指导大学英语教学、推动大学英语教学发展的积极作用，但由于它们成为统帅全国高等院校大学英语教学的一统大纲，因而忽视了不同种类和不同层次院校的差异性和多样性；由于它们强调打语言基础，培养阅读能力，因而没有把培养听说能力的要求放在第一层次；因此日益不适应新的形势的发展，而为《教学要求》所取代。《教学要求》旨在建立一个统一的大学生英语能力标准，因而回避具体的教学安排，把统一的教学要求和目标分解到具体的等级目标中去，以供不同地区、不同对象根据自己的情况确定自己要达到的内容等级标准，从而避免了教学大纲统一目标和要求的缺陷。但它仍将大学英语教学限定为基础英语教学的规定依然不合理。

第三，就教学目标而言，他认为大学英语课自有教学大纲以来，其课程设置和安排，包括大学英语四、六级考试的实施都贯穿着"阅读为主"的指导思想，大学英语教学实际上是阅读或精读教学。但无疑，读并非语言输入的唯一途径。有调查研究显示，社会对培养学生综合能力和听说能力的要求比对其读写能力的要求更迫切；听、说能力比读写能力更难以提高；在强调听、说时不放松对读、写的要求，反而能加强读、写的训练，并不会造成"文盲英语"。因此他认为大学英语教学目标的定位应充分考虑国家和社会的需要，从以培养阅读能力为主转变到以培养听、说能力为主，全面提高学生应用英语的综合能力。具体到对词汇的要求，他认为《教学要求》中一般要求的4500词是对学生的误导，是对我国大学英语教学要求的倒退，并没有如实反映目前大学新生的词汇水平，也没有与中小学英语教学合理衔接起来，不能适应我国经济发展对大学生英语能力的要求，不能保证教学目标的实现，是语言教学效率低的主要原因。因此他从学习者和社会需要的角度提出将一般要求的词汇量定在8000词，认为这是中等水平的下限，是英语最常用的基本词汇,是整个大学英语阶段的基本要求,是突破英语教学费时低效的有效手段之一,是对应试教育的纠正。他还提出可以不设统一的词汇表,因为它既不利于教材的健康发展,又有可能把学生限制在某个知识层面,加重应试教学,不利于学生的可持续发展。

第四,就课程设置而言,他认为现行的大学英语课程设置存在如下弊端:它规定基础阶段的大学英语课为必修课,因而难以进行因材施教;它规定学生必须在大学前两年完成大学英语课程的学分(高达16分)学习,因而不利于学分制的改革;英语选修课和专业英语的学分受到英语基础课程的挤压,致使学生的语言应用能力和交际能力的培养得不到落实;大纲规定本科大学必须开设四个学期的大学英语必修课,致使仅有的教育资源得不到合理的运用。他建议分三步建设新的大学英语课程设置:打通大学英语必修课和选修课之间的界限,变大学英语基础课为公共选修课,(条件成熟的大学)开设专门用途英语课乃至双语(英语+汉语)专业课;根据不同院校、不同专业、学生水平及其就业方向等统筹设置课程,体现因材施教原则。

第五,就教材编写而言,他认为,在当今语言输入形式和媒体丰富多彩的情况下,教材已不再是教学中唯一的语言输入源,愿意通过教材来学习外语的人越来越少,教材在英语教学中已不占主导地位。就其建设而言,到目前为止的大学英语教材建设尚存在如下问题:受指令性推荐、无序竞争以及教师整体水平不高等因素的影响,教材开发的外部条件不健康;由于过分强调打语言基础和阅读教学,教材内容缺乏真实性。因此他提出应以《课程要求》为标志,开发新一代教材,使其具有如下特点:以学生为中心,实用、主题化、内容化、立体化、任务型、多样化、个性化、多元化。

第六,就教学模式而言,《教学要求》作为一个大纲性质的文件,规定一种具体的教学模式(它用附件形式指定多媒体教学模式)或方法欠妥当。他认为我国几十年来的大学英语教学模式采取的都是以语法翻译法为核心的阅读教学模式。但随着电视机、计算机和网络等视觉媒体的普及,尤其是1999年以来各种大学英语教材配套课件(助学光盘和电子教案版)的出现,多媒体教学开始在大学兴起并逐渐显示出其优越性和必要性;学生开始习惯于通过图片和声像来获取信息,学习动机、手段和环境都在发生变化,传统的教学模式已不能适应社会和信息环境的变化,必须改革,使以教师为中心的传统教学模式转变为以学生为主的基于多媒体的个性化教学模式。另一方面,目前使用最多的多媒体自主学习教学模式存在着学习效力不高等问题。因此,教师在教学中应合理使用现代信息技术和设施,提高教学软件系统的质量,熟悉操作教学软件的方法,注意多媒体教学中存在的问题和局限性,彰显其优越性。

第七,就教学评价而言,他主要讨论了大学英语四、六级考试及其发展方向。他认为,就其性质而言,四、六级考试是教学考试而非水平考试,把它与学位挂钩是不合理的。就其地位和作用而言,它既是世界上单科规模最大的考试,亦是遭社会非议最多、学生最感无奈的考试;尽管它推动了大学英语教学的发展,但并没有提高大学英语教学的质量;虽然它对学生的英语水平提供了客观的描述,但并没有提高学生的英语水平。就其信度和效度而言,它有较大的效度,也有一定的信度,其考试成绩基本上可以反映某一考生在某一群体中所处的水平。但它规定只有笔试成绩达到某一分数的考生才有资格参加口语考试,致使大多数考生不能参加口试,不利于发展其综合能力,特别是口语能力。就其反拨作用和影响而言,由于它以教学考试为名,具有强制性,且与学位、毕业、就业挂钩,因此对学生、教学和社会均具有有害的负面作用,成为大学英语应试教学的祸首。要想让它对教学产生积极的反拨作用,就必须对它进行改革,改进其内容、方法和模式,使它回归为为教学服务的教学考试，直接考查学生综合应用英语的能力，真实反映学生的英语实际水平。[1]

2. 大学英语课程与教学尚存的问题

纵观我国大学英语课程与教学的发展史可以看出，大学英语课程与教学所走的每一步都与国家的外语教育政策和有关大学英语课程教学的文件（主要指教育部颁布的统一的教学大纲或教学要求以及大学英语四、六级统一考试大纲）息息相关，都是根据国家的外语教育政策的规定，在教育部颁布的纲领性文件的指导和要求下，自上而下逐层落实实施的。这种单路径、大一统的课程发展轨迹不仅使大学英语课程不可避免地走入教师为了完成规定的任务而教、学生为了最终通过统考而学的应试教学的怪圈而难以自拔，更使课程先天地缺少人的灵动和活性，导致如下诸方面的错位或缺失。

（1）课程目标方向错位

《教学要求》规定："大学英语的教学目标是培养学生的英语综合应用能力，特别是听说能力，使他们在今后学习、工作和社会交往中能用英语有效地进行交际，同时增强其自主学习能力，提高综合文化素养，以适应我国社会发展和国际交流的需要。"[2] 以"能用英语做某事"为指导思想，不同发展阶段的大学英语教材均根据情景、话题按单元编写，期望学生学习一个单元，就能学会就一种情景或话题用英语进行交流。为了达到这种目标，课堂教学的目的和重点就是要根据教学进度要求完成教材中的内容，结果往往是教师为赶进度而照本宣科、满堂灌，牢牢抓住对课堂的控制权；学生机械模仿、死记硬背，难以摆脱

---

[1] 王仕宗. 求是的精神 客观的评述——《大学英语教学：回顾、反思和研究》书介[J]. 遵义师范学院学报，2009（2）：96—100，105.

[2] 教育部. 大学英语课程教学要求［EB/OL］. http://www.chinanews.com/edu/kong/news/2007/09—26/1036802.shtml.

对教师的依赖性。这种以"能用英语做某事"来描述的基于实用的课程目标一方面舍去或淡化了对系统学习语言结构的要求,指望学生能够在学习语言功能的过程中"自然地掌握"语言知识和结构体系,形成综合应用英语的能力;另一方面无视了作为学习主体的学生个人的需要,将学生置于被动地位,被迫接受外部强加的适应国家"社会发展和国际交流的需要"的课程学习目标。

（2）研究方法偏重量化

从上述关于大学英语教学研究方法发展变化的描述中可以看出,调查研究、实验研究和实证研究等量化研究方法成为被外语学术界普遍认可的科学研究方法,采用量化方法研究的成果更有可能被各种外语类核心刊物发表。王静①对2000—2009年的10年间发表在国内10种外语类核心刊物上的463篇关于大学英语教学的论文进行的统计研究结果以及刘春阳和赵雯②利用中国知网（CNKI）对从1986年至2010年的25年间全国各类期刊所刊载的有关大学英语教学的文章及相关硕、博士论文进行的文献综述研究结果都可以雄辩地证明大学英语课程教学研究中这种追求量化的倾向。这种研究取向使大学英语课程与教学的研究越来越远离大学英语课程教学及研究中活生生的人。

（3）研究对象中缺失个体的人

大学英语教学中的人——教师、学生,群体或个人,没有成为讨论的主题。值得一提的是,进入21世纪以来,大学英语教师群体开始受到一定的关注,国家大学外语教学指导机构组织实施了几项针对大学英语教师进行的大规模调查研究;周燕对高校英语教师群体的教育及发展

---

① 王静. 中国大学英语教学研究近况及展望——对十种外语类核心期刊近年（2000年—2009年）的统计归类分析［J］. 语文学刊（外语教育教学）,2009（11）:91—92.

② 刘春阳,赵雯. 大学英语教学研究文献综述［J］. 中国冶金教育,2011（6）:58—62.

展开了系列研究；夏纪梅长期关注外语教师群体的科研和发展问题；蒋玉梅还对大学英语女教师群体的职业生涯发展进行了专题研究。但相对而言，尚不见全国性的专门针对学生群体的大规模调查研究；刘春阳和赵雯的研究显示，1986年至2010年期间为数不多的与学生群体有关的研究主要针对的是学习策略和自主学习能力的培养（87：1368），也有少量涉及学生情感因素和学习动机的研究（38：1368）。而教师和学生作为个体的人的鲜活性、个别性和独特性及其在大学英语教学中的体现和价值则还几乎没有进入研究者的研究视野。

（4）研究内容中个体经验失语

郑辉的研究发现，在近30年来国内主要核心外语教育学术期刊上发表的文章中，对外语教师科研问题的研究主要讨论的是一些外部因素，极少有从教师自身内在的因素去看待其科研问题的[①]。事实上，综观上述关于大学英语课程教学研究的数据及结果可以看出，关于大学英语课程教学研究的内容几乎涵盖了与之有关的所有方面，唯独罕见关于其中的人（师生）的自身经验，尤其是其个体经验的研究。在以量化、科学化、计算机化为取向的大学英语课程教学研究的语境下，教学中的人（师生）遭到量化、物化、机器化，成为教或学的工具或机器，不再具有其生命性或完整人性；涉及其个人感受和实践经验的研究成果被标为"经验总结式的"东西，被认为"很难得出有价值、能验证的观点"或"提出理论假设"，不符合"国际科研规范"[②]，因而基本上均被学术刊物拒之门外，失语于大学英语教学研究的学术话语圈。

这种个体生命缺失和个体经验失语的状况并不仅仅存在于大学英语课程教学及研究中，而且可以说是始自于基础教育阶段的英语课程与教

---

① 郑辉. 大学外语教师科研与动机 [J]. 教育科学，2011 (1)：197—198.
② 刘润清，戴曼纯. 中国高校外语教学改革现状与发展策略研究 [M]. 北京：外语教学与研究出版社，2003：38—56.

学及研究。中小学英语课程与教学中同样存在着这类隐性的、根本性的问题：人（师生）的主体性和主观性的缺失，人的经验和情绪的缺位，人的生活和生命的不在！

三、英语之于今日中国社会①

以上讨论的是英语作为我国学校（从小学到大学）一门必修课程的状况。那么，英语在人们生活中究竟处于何种地位？有何影响？在某种意义上说，英语已经影响了人们的生活，几乎无处不在。但同时，它又似乎没有任何真正的位置，无处可寻。

（一）英语无处不在

在近几十年里，我国英语教育发展的速度和规模是空前的。据一项调查显示，目前从小学生到大学的博士研究生都必修一门外语课程，其中约90%的学生必修英语②。但大多数在校学生学英语并非出于自愿，而是出于各种各样的外部原因，其中最重要的原因是英语是学校最重要的必修课程之一，英语考试成绩对学生进一步升学深造和未来发展都至关重要。因此无论是对学生本人还是对其家庭来说英语的意义都太重要了，谁也无法逃避，谁也不敢忽视。

可以说，英语影响着一个人学习和职业生涯发展的全过程，并在很大程度上影响着人们的生活质量。如果一个人在中学学得够好，通过了高考，得到了上大学学习的机会，假设这名学生是非英语专业的大学生，他或她就必须学一门为期两年的英语必修课程——大学英语课程。在大学毕业前要通过全国大学英语统一考试，获得大学英语四级或六级

---

① 谢邦秀.英语在今日中国之反思——一个怀特海过程哲学视角[J].世界文化论坛（美国克莱蒙），2011，46（6）；谢邦秀.英语在今天的中国[EB/OL]. http://www.jesusjazzbuddhism.org/english-in-china-today.html.
② 张正东.张正东英语教育自选集[M].北京：外语教学与研究出版社，2007：103.

考试的合格证书或成绩报告单，这样才能被视为一个合格的大学毕业生。这一证书或成绩报告单对其以后的生活关系重大。如果他或她想在本科毕业后继续攻读硕士学位，就必须参加全国统一的研究生入学英语考试，难度大于全国大学英语四级考试。硕士研究生有为期一年的英语必修课程，并必须通过全国大学英语六级考试，获得六级合格证书或成绩报告单才能毕业和获得硕士学位。如果他或她仍想进一步攻读博士学位，就必须再参加招生学校组织的博士研究生入学英语考试，且题量和难度往往大于以往的任何一次考试。攻读博士学位期间也要求学习为期一年的英语必修课程。

这还不算完。首先，如果一个人想从事一种薪酬高、位置稳、受人尊重、充满前途的职业，用人单位可能特别留意其英语水平，因此大学英语四、六级考试合格证书或成绩报告单就成了高校毕业生找工作时的必备条件。如果被某一医院、研究所或学校录用，这个人仍然不能告别英语学习。如果想在专业工作中提职或晋升职称，那么每次提职也必须参加英语考试。因此，作为各级学校的一门必修课程，作为人们在其学习和工作的不同阶段必考的一个科目，英语始终伴随着其学校学习和职业发展的全过程。任何时候，只要人们想要继续学习深造，想要在工作岗位上提升，英语就伴随着他们。这一切可以说明英语对人们的生活造成了多大的影响，无论他们是学生、学生家长、职工、还是职工家属，人们在英语学习上所付出的时间、精力、财力都是巨大的。英语在此处必修、彼处必考，此时必修、彼时必考！那么，在我国社会，什么时间、什么场合人们可以享有决定是否要英语的自由呢？

（二）英语无处可寻

在实际生活中，人们可以自主决定是否要英语。事实上，就普通人的日常生活而言，英语几乎无处可寻。男女老少，无论识字与否，都用汉语做生活中的一切事情，因此，在日常生活中根本没有机会或场合使用英语。即使是大学里英语专业的学生、中小学及大学的英语教师、翻译等在其日常生活中也都使用汉语进行交流①。对于许多从事其他非英语专业的人来说，尽管他们极力地获得了必需的能够证明其英语水平的证书，并且成功地就职于他们所向往的工作，但除了为晋级而准备另一场英语考试之外，他们在实际工作中很少或从来没有使用英语的真正需求。大多数工作岗位并不需要任何英语背景，即使一个根本不懂英语的人也能把工作干得相当出色。但是，为了得到这样的工作岗位，人们却不得不提交能够证明其英语水平的证书。多么荒谬啊！浪费了人们多少时间、精力、财力啊！

（三）人们对英语的态度

人的感受和态度既是主观形式，也是客观情况的组成部分。英语之于人们的生活既关涉能够被观察到的客观事实，亦关涉诸如感受和态度等值得欣赏的主观形式，如学生带进教室来的态度、其父母对自己孩子的态度、教师所持的工作态度等等。基于英语对人们生活的影响，不同的人对英语、英语教育和英语考试持有不同的态度，这些差异应该受到尊重和欣赏。愿意看到来自不同背景、处于不同环境中的人有不同的需求这种意愿本身就指向对多样性和语境性的欣赏。并非每一个人都需要同样的东西。正如和谐并不意味着完全相同一样，教育也并不意味着要有万众同一的教育内容或要用千篇一律的教育方法。

诚然，有相当多的人的确喜爱英语或确实想要或需要学好英语，可能会认为重视英语教育是正确的、适合的，可能会对英语作为必修课感到庆幸、满意。其实无论英语是不是必修课，他们都会自愿选择学习

---

① 我自己遭遇的现实就是一个很好的例子：作为一名在大学教英语的老师，我只能在工作场合即在备课和上课时使用英语。离开工作场合根本找不到使用英语的机会或环境，即使是和其他的英语老师在一起时也是如此。如果我们果真在整个汉语环境中使用英语相互交谈，周围的人会感到奇怪，我们自己也会感到尴尬和不自在。

它，因为他们享受着自愿选择与必修之间的一致，享受着一种和谐的对比。然而，许多学生或许对英语没有兴趣，或许没有要学英语的内心渴求，或许没有发现生活中有需要懂英语或使用英语的必要，或许因为种种原因而不喜欢、讨厌甚至痛恨英语，仅仅因为英语是必修课才被迫学习它。他们被剥夺了自主决定是否要学习英语的自由。有些学生对这种被迫的状况随遇而安，就无法改变的事实而言，这无疑是一种明智的态度。但也有些学生强烈抵触这种被迫处境，以至于他们从不主动学习、拒绝听老师讲课、课上课下都回避练习英语、考试成绩不佳，并因此而恨英语乃至恨英语老师。这样一种被迫或抵触的状况令人遗憾，因为选择和决定的自由是自我教育的重要组成部分，对健康的生活来说是必不可少的。缺少自由选择的教育不仅让学生付出痛苦的代价，连老师、学生家长乃至社会都要为此付出代价。

  为了使孩子在学习上能跟上或领先于其他同学，学生家长督促孩子放学后花更多的时间来学习英语：迫使他们做超出学校老师所布置的更多的英语作业、送他们或陪伴他们去上英语补习课、或请家教来家里辅导。有些家长这样抓孩子的英语学习是因为他们无法忍受看到自己的孩子落后于人；另一些家长这样做是因为自己英语不好而吃过亏，希望自己的孩子能够弥补他们的损失、实现他们的梦想；还有一些家长这样做只是因为别人都在这样做。大多数家长替孩子做决定，不问、不闻孩子的想法或感受。他们理所当然地认为孩子能理解他们、认可他们的做法，因为他们这样做是为了孩子好。这样，孩子们在自己家里也被剥夺了自主决定的自由。学校老师主要关心的是使学生在各种英语考试中考出好成绩，因为学生在考试中的表现是判断和评价老师教学水平和工作业绩的一个重要标准，其收入、晋升以及个人发展在很大程度上都取决于这样的判断和评价。为此他们更关心的不是学生实际应用英语的能力，而是他们是否能在英语考试中娴熟地答题。教师主要是讲解与考试有关的东西,并通过做大量的试卷来训练答题,几乎不可能去关心学生的个人感受或需要。

由于存在各种英语考试,社会上形成了一条英语补习教育经济链,包括各种不同规模的补习班或补习学校、各种补习教材的编写、出版和销售等等,导致了这样一种社会现象:看上去似乎全社会都卷入了英语学习之中,但实际上除了在英语课上和考试中可以见到英语,很难在社会上看到有人用英语进行实际交际。多么怪诞的景象!难怪那么多人强烈地反对把英语置于学校教育中的必修课地位,反对把英语作为社会上招聘员工或提职晋升的一条硬性标准①。

四、我教佳佳学英语②:FEELS 精神在场

我教佳佳学英语的过程则是一种师生同行于森林之中,在合作、互动、创造中呼唤、回应、共舞的过程。佳佳在其英语学习中经历的酸甜苦辣、情感体验和创造性转化可以显示基于 FEELS 假设的英语教与学的情与意。

(一)可怜:佳佳的生活故事

佳佳是一个在上初中三年级的 15 岁女孩,来自一个单亲家庭,与爸爸一起生活。爸爸妈妈在她 5 岁左右时离异,这使她陷入一种恐惧和被遗弃的黑暗之中。她不明白为什么妈妈不再要她了。在此后大约 10

---

① 把职称外语(含英语)考试成绩作为职称评审硬性指标的做法一直持续到 2016 年才有变化:2016 年开始,国家职称评审的政策有了重大改革,到 2017 年,很多省市陆续取消了职称外语考试这一科目,外语成绩不再做评职称的硬性要求。如北京、山东、山西、陕西等多省市均已取消职称外语统考,职称评聘依据由用人主体根据研究领域和岗位特点确定,职称外语成绩不再作为用人单位评聘职称的必备条件。见"2017 年职称英语考试到底有没有取消",http://www.gkstk.com/article/wk-78500001739558.html。

② 谢邦秀.当头痛变为探险时:在一位老师的帮助下与英语共舞 [EB/OL]. http://www.jesusjazzbuddhism.org/when-headache-becomes-adventure.html。

年的岁月里,她都没有安全感,总在担心爸爸也会离她而去。所幸爸爸很有责任心,很爱她,为了避免使她遭受继母虐待的可能性,他拒绝再婚。然而,无论生活对她和爸爸来说多么艰难,她都必须接受学校教育。但她在课堂上很难集中注意力学习。为了帮助她从痛苦中摆脱出来,爸爸竭尽全力去寻找能让她快乐起来的办法,去发现她的特殊兴趣和才能①,结果发现她喜爱音乐,在唱歌跳舞时很开心,而且现在已经很擅长弹琴、唱歌、跳舞了②。在爸爸不遗余力的帮助下,在学习音乐歌舞的过程中,她逐渐走出了内心的阴暗,开始渴求知识、渴望学习。但她和爸爸不得不面对的一个残酷事实是,她几乎落下了学校所有的科目,要想通过中考进入高中继续学习,不得不补习全部功课。爸爸在其他科目都能设法帮到她,但在英语方面却无能为力。最后,他们来向我求助。

(二) 头痛:9≈26

我们初次见面时她告诉我,她一想到英语就头痛。尽管从小学一年级开始就在学英语,已经上了约 9 年的英语课,但她除了能写对 26 个字母、认识少量的常用词语以外,对英语几乎一无所知。我翻阅了一下她的课本和笔记本,发现她的课本干干净净,只字未写;而笔记本上却认认真真地记满了笔记,而且书写工整。我夸她笔记做得好,但她丝毫不显得高兴,因为笔记对她来说没有任何意义,她并不真正懂得里面所记的东西。她在课堂上听不懂老师讲课,不能呼应老师的教学,唯一能做的事就是把老师写在黑板上的东西抄下来,仿佛在练字。她在抄笔记时确实了解的关于英语的东西只是一些频现的常用词汇和一大堆英语语法术语,如"现在进行时"、"比较级"、"被动语态"、"物主代词"

---

① 她被送去学绘画、书法、弹琴、打爵士鼓、唱歌、跳舞等等。
② Jay McDaniel. "Third Spaces-Cross-Cultural Communities Through Food, Music, and Stories", http://www.jesusjazzbuddhism.org/third-spaces.html.

等，但对她而言，它们不过是一堆莫名其妙、杂乱无章、毫无意义的符号，她摸不着头脑。她担心自己可能永远都学不好英语了，非常难过。但她非常想学好英语，因此才同意爸爸的提议来向我求助。

（三）激励：扬帆起航

我对她说，谢谢她对我的信任，因为她在遇到困难的时候来找我。她对我的话感到惊讶。我告诉她，我相信她能学好英语，因为她很聪明，学会了唱歌和跳舞。她觉得受到了认可，似乎看到了希望，慢慢高兴起来。我告诉她，学习英语与学习演奏乐器、唱歌或跳舞有一点类似，整个过程关涉身、心两个方面，需要身心俱在：心想、耳听、口吟、手舞、足蹈等全身心参与和协作。因此只要她真的想学英语，并能像她学弹琴、学歌舞时那样全身心投入，一步一步地、耐心地、持之以恒地学的话，英语便不难学。如果她能够这样做，她笔记中那些无意义的语法项目都会变得有意义、有趣，会对今后的学习有帮助。一听我这么说，她开始好奇，显得急于开始学习。

我告诉她，英语中的所有东西都在一个相互内在关联的系统中，有其结构和起点。我建议从对她来说合适的地方，即英语中最基础的字母和音标开始。她同意。教学时，我轻声细语地对她说话，赞赏她每一点小小的成就。我设法把英语中如字母、音标、语法例子等知识与她喜爱和熟知的人和事物联系起来，如她爸爸、音符及其在音乐中的作用、唱歌、跳舞等，让她知道，英语学习与她的爱好、她所喜爱的人与事以及她自己的生活是相关的。在她陷入沉默时我不催促她，给她时间去思考、反省和整合。我每次只教她一点点新知识，确保她能弄懂我所讲的，给她充足的时间进行口头或书面练习，并在必要时陪她一起练习。我和她讨论教学计划，倾听她的想法、需要和要求，然后我们共同决定下一次的教学目标和内容……

（四）进步：体验快乐

我们如此共度了约两个月的时间，她每两天来一次，每次约2至3个小时。我们陶醉于学与教英语、探险于英语、游戏于英语的快乐之中，常常忘了时间。慢慢地，这样教与学的效果显现出来：一次又一次，当她从学校、从家里回到我这里时，她告诉我：她能根据发音写下单词了，她记单词的速度更快了；她在课堂上开始能听懂老师讲课了，能与老师呼应、与同学合作互动了；她能跟上课堂教学进度了；她在班上受到了老师的表扬，说她学习勤奋，进步明显；她弄懂了更多的语法规则及其用法……事实上，她慢慢具备了基本的自主学习英语的能力，爱上了学习英语，不论是和我一起，还是在学校里。更重要的是，学习上她变得更自信、更主动、更高效，生活中的她变得更快乐。从实用的角度看，她最终通过了中考，升入了她向往的省级重点高中；后又通过了高考，成为北京某大学的学生。看到她学有所成、看着她的内在转化，我开心无比！

（五）教师：耐心支持

FEELS假设呼唤一种尊重学生个体经验的、有情的、有机的教育。根据FEELS假设，英语教育应把英语学习者培养成具有英语语言技能、具有英语文化素养、具有多元文化视野、欣赏和尊重外来性和他异性、能用英语交流信息、思想和情感的、身心健康愉悦的、完整的人。

就我和佳佳的情况而言，首先我把她视为一个身心一体的完整的人，一个有血有肉、有思想有情感、有经验有历史、有未来可能性的生命个体和整体。我们之间进行的是一种个人与个人之间的真实接触。通过这种真实的个人接触，我认识到她不仅仅是一个"学生"，她也发现我不仅仅是一位"老师"。因为我的关爱，通过和我的接触和互动，她能够开启新的生活方式，踏上新的英语学习之旅，不断发生创造性转化。其次，我在她的快乐与可能性之间看见了联系。她在音乐和舞蹈中很开心，我在她的心灵深处发现了这一令她愉悦的地方。教师应该特别关注这样的地方，因为它们是学习可能发生、学习者可能前进的地方。根据怀特海关于教育展开的"浪漫"、"精确"、"综合"三阶段理论①，"浪漫"是学生爱上某一门学科的地方。佳佳喜爱舞蹈和音乐，我发现了她内心的这种浪漫，并帮助她把它综合应用到英语学习中。最后，我作为教师用创造性和耐心给予她支持。这始于我认识到她被困于"呆板的概念"②，即在她看来与她无关、没有生命活力的概念，如"现在进行时"等，它们既无意义又无上下文环境。当然，对有些人来说这些概念可能非但不呆板反而十分有趣，但那是因为他们先爱上了这一学科，已经有了浪漫。佳佳不具备这些。我对她的支持表现在用她能够明白的概念，帮助她从头开始，陪着她在英语之林里探险、行走。在这一行走的过程中，我倾听她的观点，她可能从未被如此倾听过。倾听与倾诉、呼唤与回应、回应与呼唤，我们之间这样活泼的互动持续不断。佳佳爱跳舞，我帮助她也爱上英语、与英语共舞。她感觉到我也在与英语共舞，我们一起用英语创造着优美的旋律和舞蹈。一路上，她发现了自己作为一个创造者的潜能。难道我们不希望所有的学生都能有这样的探险经历、跳起这样的舞蹈吗？

（六）F-E-E-L-S：五者同在

这段师生共同探险于英语教与学的舞蹈可以显示 FEELS 假设中五个因素的同在和相互作用。首先，教与学的目标具有灵活性

---

① ［英］怀特海. 教育的目的［M］. 徐汝舟，译. 北京：生活·读书·新知三联书店，2002：32.
② ［英］怀特海. 教育的目的［M］. 徐汝舟，译. 北京：生活·读书·新知三联书店，2002：2.

（Flexibility of objectives）①。这种灵活性使佳佳能够在其现实水平与可能性之间进行探险，翩翩而舞②。在这一过程中，佳佳是英语学习实践的主体和参与者，主动地参与到各种正在被探索的问题之中，添加进她自己的经验、情感和解释性框架（Engagement of the learner），不仅作为一个学习者在探究问题，而且作为一个在认知与情感两方面都参与其英语学习、参与其生活本身、与问题互动的完整的人在探索、在感受、在创造、在转化、在生活。

全身心参与到英语学习中的佳佳渐渐明白：英语知识技能就像一个家庭，共存于一个相互内在关联的系统中，有其结构和起点；英语知识如字母、音标、词汇和语法结构等都可以与她喜爱和熟知的人和事物联系起来，如她爸爸、音符及其在音乐中的作用、唱歌、跳舞等；英语学习与其爱好、她喜爱的人与事、以及其生活是相关的；英语语言知识和技能不再是与她无关的、毫无意义的符号，而成为产生于对话和协商，体现于其执着的情感、鲜活的生命和丰富的学习生活实践中的有意义的个体生活经验（Embodiment of knowledge）；英语知识不仅涉及真理，而且涉及游戏性、复杂性和不确定性，因此在学习过程中感到困惑、遭遇困难是正常的，在学练英语知识和技能的过程中犯错误是难免的，甚至可能是创造性的、美丽的。就与所学知识的关系而言，她成为英语方面新经验、新知识的积极的创造者和所学英语知识技能的灵活的运用者，成为英语学习策略和智慧的探寻者。

作为一个身心参与的学习者，佳佳的英语学习发生在她与自己、与

---

① 我们师生在教学中共同讨论教学计划，相互倾听对方的想法、需要和要求，然后共同决定每一次课的教学目标和内容，并根据实际教学进程灵活调整具体的目标、内容、进度和学习方式。

② 翩翩而舞：学习英语知识、练习英语技能、探索学英语的智慧以及英语语言文化中蕴含的智慧、经历创造性转化、学有所获。

教师、与所学的英语知识和技能、与周围的其他人和环境的不断互动的关系性过程之中。她每一次课、每一天都在变得不同于之前的她，变得更丰富，变成一个新人。这种"变成新人"的过程就是学习发生的过程，就是对话和"舞蹈"的过程，就是创造性转化的过程（Liveliness of relational learning）。英语学习过程实际上是她与各种他者不断进行协商和交流的探索过程，在其中，在教师的主导和支持下，她一直在主动探索对她来说有效的学习策略、方法和途径，在寻找英语和英语学习与她实际生活中的人、事、物、情的内在联系。在这一内在关联的、互动的、交流的、体验的过程中，英语学习成为她建构自我、建构其主体性生活体验的过程，她在这一过程中忘情地体验着既有泪水又有笑声①的真实的生活②。来自她的每一次、每一种（知识的、技能的、情感的）呼唤都引起了我的关注、收到了我的回应、得到了我的同情、获得了我的支持（Supportiveness of the teacher）③。在我的支持下，她得以在英语

---

① [美] 威廉·派纳. 自传、政治与性别 [M]. 陈玉亭，王红宇，译. 北京：教育科学出版社，2007：175.

② 一次又一次，当她聚精会神地听我讲解时、当她沉默不语静静思考时、当她不厌其烦反复诵读时、当她垂首顿足困惑不解时、当她感觉进步缓慢心烦意乱或心急如焚时，我都能感受到她在学习的过程中遇到了问题、困难或障碍，但却坚持不懈、遇挫不退。一次又一次，当她兴冲冲地来，并忘时、忘我地投入到对她来说并不轻松的英语学习中时，我都能感受到她要学英语的决心和坚持的耐心与恒心。一次又一次，当她告诉我她能根据发音写下单词了、她记单词的速度更快了、她在课堂上开始能听懂老师讲课了、她能与老师呼应与同学互动了、她能跟上教学进度了、她弄懂了更多的语法规则及其用法、她受到了老师的表扬说她进步明显时，我都能感受到她流露自内心的喜悦，我也为她的喜悦所感染，与她共享快乐，然后继续共同探索前行的舞步。

③ 我对佳佳的支持表现为对她的关爱、倾听、欣赏、尊重、同情、鼓励、呼应：把她作为一个完整的人，采用诱导说服的包容态度，尊重并接纳其独异性，鼓励她发出声音并同情地倾听她的声音，理解她的叙述，尊重她独特的经验、感受、情绪和价值，悉心关注、欣赏其感受和想法，激发、鼓励、培育、呵护其好奇心和创新意识，让它们健康成长，引导她踏上向上、向前的旅程，通往生活中她从未真正达到但却一直向往着的英语语言文化中的真、善、美。

和英语学习中"自由地去探索、去质疑、去创造"①，这种在互动中学习和创造的过程成为她在与其英语学习中的他者的舞蹈中进行探险、增进享受、获得自由、实现创造性转化和创造性和谐的过程。

不过，佳佳的全身心参与在其此段英语学习体验中所起的决定性作用表明，FEELS 假设中的五个因素并非都是等重的，"学习者的参与性"起着核心作用，其他四个方面均旨在帮助和支持她真正参与到其英语学习过程之中，在实际的教学互动中根据具体情况和需要不断调整目标，使各种知识、技能充分体现在其经验中，从而丰富其经验、愉悦其身心、增长其智慧。如果没有佳佳内心对学好英语的渴求，没有她在学习过程中的身心俱在、真情参与，如果她在这一漫长、艰苦的英语学习过程中没有找到犹如舞蹈的浪漫感觉和乐趣，那么，其他因素便无法真正在其英语学习中发挥作用，她的英语学习就不会"从头痛变为探险"②，那些美妙的创造性转化与和谐就不可能实现。

五、比较：凸显 FEELS 精神

（一）学校英语课程的教与学：FEELS 精神缺位

FEELS 假设认为，教育的根本目的是帮助一个人成为一个完整的人，课程应该是过程性的、强调经验者的个体经验的，课堂应该是一个动态的学习共同体，课程和教学的目标应该是灵活的，其中一些产生于教师与学生之间、学生与学生之间和/或师生与文本之间活泼互动的关系性过程中，而非先于这种过程。课程不只是传递知识的工具，也是创造自我和文化的工具。在我国各级学校的英语课程与教学现实中，教与

---

① WANG H Y. The Call from the Stranger on a Journey Home—Curriculum in a Third Space [M]. New York：Peter Lang Publishing，2004：10.
② 谢邦秀. 当头痛变为探险时：在一位老师的帮助下与英语共舞 [EB/OL]. http：//www.jesusjazzbuddhism.org/when-headache-becomes-adventure.html.

学的目标不是灵活的,而是外部赋予的、预先确定的、固定不变的,被牢牢地固定在课程标准、教学大纲、统编教材、考试大纲乃至考试题型之中,各个阶段的课程目标以几套统编教材的形式固定在各年级、各册课本中,师生只可执行不可更改。在这里,课程是名词,等同于教材或课本,是由课本编写者来决定的,而非可由课堂教学共同体来创造的,文本是必须遵从的材料。在英语课程里、课堂上、教学中,找不到表明目标灵活变化内涵的"丰富性"①,所能够看到的是对确定性和普遍性的追求,体现为教学中固定的课本知识和考试中试题的标准答案②。教师的教、学生的学、课堂上教与学的方式或活动基本上都以实现固定的教学目标③为目的。

在 FEELS 假设中,知识应该是体现的、互动的、对话的,是在对话和协商中产生的有意义的生活经验,是被创造而非被发现的,体现为一种智慧,体现在学生鲜活的生命里,体现在其真实的生活中。与其他人的会话是理解知识的最终背景,课堂是进行会话和互动的场所,是公开分析和转变已有经验的公共地点,是学生和教师通过相互合作探讨各种方案、后果或假设的地方。学习者应该是鲜活的生命主体,是有感情、有同情心也需要被同情的人,作为在认知与情感两方面都参与课

---

① [美]小威廉姆·E. 多尔. 后现代课程观 [M]. 王红宇,译. 北京: 教育科学出版社,2004: 250. 这里"丰富性"指"课程的深度、意义的层次、多种可能性或多种解释",要求课程具有"不确定性、异常性、无效性、模糊性、不平衡性、耗散性与生动的经验"。
② 中小学英语课程基本上是从小学三年级到高中三年级各年级每学期都要学完一册课本,每册课本中的内容被平均分配到一学期的英语课时中,因此每一节课都有固定的教学目标和任务必须完成。检测课程与教学目标完成的方式是各种测验或考试。除了各种平时测验以外,每个年级每学期都有期中、期末两场由学校统一组织的考试,考试的内容主要基于各学期所教的课本,考试的题型参照中考、高考等升学考试。以考题形式呈现的被检测的教学内容基本上都是各种脱离语境的英语词汇或语法项目等。中考和高考实际上是教学的指挥棒。
③ 固定的教学目标: 完成课本上的教学任务、通过各种考试。

程、参与生活本身、与问题互动的人，不应有人是旁观者①。英语课程与教学中存在的却是确定的、固定不变的知识和绝对的真理，英语语言知识和技能是先验的、正确的、完全的，是固定"在那儿"等待发现和授受、等待学生去学习、去掌握的真理，而非体现在学生生活中的、有待师生共同创造的经验；不存在师生之间或师生作为读者与文本之间的对话，存在的只是对作为真理的书本知识的灌输、填充、授受；教师无权设立课堂教学的目标，所能做的只是完成课本中预设好了的、规定的、不变的教学目标，将先验的知识不折不扣地呈现并传递给学生，哪怕拖堂；找不到有血有肉、有情有意的学习者或主动参与的探索者，所见的是先验的书本知识的旁观者，是接受知识的机器，是教师和课本所传授和传递的知识和信息的被动接收者；教学过程是教师讲学生听、师予生受的单向的知识和信息传递过程，而非师生平等、互动、探险的舞蹈过程，见不到师生的同情、关爱、协商或支持，可见的是死气沉沉的照本宣科、心不在焉、死记硬背，甚至是学习者对英语乃至英语教师的憎恨。

这一切的直接后果是英语学习的高投入、低成效，导致"经过多年学习之后，英语学习者中不能使用英语者占大多数，能阅读相关英语资料者占少数，能用英语口头准确沟通者占极少数，能精通英语者更是凤毛麟角"②。

（二）英语课程与教学"无人、无情"的根源：现代机械教育和应试教育

这些现象及问题是现代机械教育和应试教育在英语课程与教学中的具体表现。自 1897 年废除科举制度以来，实现教育的现代化不仅是教

---

① ［美］小威廉姆·E. 多尔. 后现代课程观［M］. 王红宇, 译. 北京：教育科学出版社, 2004: 201.
② 张正东. 张正东英语教育自选集［M］. 北京：外语教学与研究出版社, 2007: 81.

育家百年来的一个主要梦想，也是当代教育改革的一个主要方向。但现实是，教育的现代化基本上等同时于教育的西方化，百年来我国教育从教育理念到教学方法基本沿袭西方现代教育模式①。学校英语课程目标及其评价方式的确定即取决于这样的教育理念。从教育理念的角度来看，现代教育是工业文明的产物，所服膺的是一种机械思维②。将之运用到教育中导致一种视教育为机械过程、视师生为机器的机械的教育观，相应地学校即"知识工厂"，教师即工人，而学生则是工厂按统一规格批量生产的"产品"③。按照这种机械的教育观，学校的英语教育便具有机械性、简单性、程序性等刻板僵硬的特征。英语课程与教学的目标是从外部决定的，课程是名词，是规定的、预设的跑道，教师是知识的拥有者和灌输者，学生是知识的被动接收者，教学是灌输—接受知识的过程④，教学评价即考试，旨在检测学生接受知识的程度⑤。英语教育实际上成为一种视学生为学习和考试机器的应试教育⑥。

应试教育无疑是害人的教育。充满考试和职业压力的教育环境扼杀

---

① 王治河，樊美筠. 第二次启蒙 [M]. 北京：北京大学出版社，2011：76.
② 机械思维建立在牛顿力学基础上，视宇宙以及世间万物为机器，既否认事物本身具有任何内在的或本体的价值，认为其价值是人从外面赋予的；又否认事物之间存在着任何内在的联系，认为事物之间只存在外在的机械的关系。（见王治河，樊美筠. 第二次启蒙 [M]. 北京：北京大学出版社，2011：78—79.）
③ 王治河，樊美筠. 第二次启蒙 [M]. 北京：北京大学出版社，2011：78—79.
④ 课堂教学基本上是教师讲学生听，教师从上课铃响开始讲起，到下课铃响为止，一些教师甚至下课铃响后都还未必能、未必肯停止，还得、还要拖堂。
⑤ 王治河，樊美筠. 第二次启蒙 [M]. 北京：北京大学出版社，2011：80.
⑥ 应试的英语教育是一种一切为了考试、一切服从考试、考试压倒一切的教育制度与模式，其标志性特征是标准化、齐一化，即统一标准、同一内容、统一考试。这种标准化、齐一化全方位地体现在英语课程教学的各个方面：课程目标、教材使用、课堂教学模式以及课程教学评价等，全国各级学校的英语课程基本上是按照同样的课程目标、用同样的教学方法、按同样的课堂教学程序、教一套课本、做一套标准化试卷。多少年来，从小学到大学，英语考试都是统一考试，考题都有标准答案。由于标准化考试不能反映学生独特的经验、情感和期盼，因此"分数面前人人平等"的口号实际上抹杀了学生之间的差异，抹杀了每个学生独特的个性和情感。

学生的好奇心、求知欲、创造力和想象力，将其能力局限在各种解题技巧中，将其视野过早地局限于题海里。然而当前世界许多最重要的问题没有进入考试的试题范围，因此自然也没有被纳入学生的学习范畴。这一方面使书本知识与其生活实践脱节，极大地限制了学生的视野，导致他们漠视他人、环境和紧迫的现实问题；另一方面摧残了学生的身心，使之身心疲惫、情感荒芜、精神萎靡、能力缺失或高分低能。① 令人痛心的是，我国各级学校的英语课程与教学依然呈现着典型的现代机械教育和应试教育的特征，表现为一种无人、无情、无生命的教育。

（三）基于FEELS精神，施行重人、有情的英语教学

与此相悖，FEELS假设主张教育应该培养完整的人，因此英语师生都应该是情感丰富的鲜活生命，英语教学应该具有灵活的目标（F）。英语学习者应该是身心一体的、参与的探险者、舞蹈者和创造者（E），全身心地投入到英语语言知识和技能的学习、应用和创造过程之中，将自己的生活经验与所学知识、技能联系起来，使语言知识生动地体现在其鲜活的生活实践和经验之中（E）。教学的过程应该是师生活泼互动的、关系性的探险过程② （L），是一种学习者在与他人和文本的互动过程中创造和发现新思想观念的积极过程。这种相互作用以及既导向自我也导向社会的与他人的交互性，对英语学习具有尤为重要的意义。在关系中学习和创造的过程同时也是在与他者的舞蹈中进行探险、增进享受、获得自由、实现创造性转化和创造性和谐的过程③。教师应该是学生创造性学习、探索、舞蹈的同情者、支持者和陪伴者（S）。

---

① 王治河，樊美筠. 第二次启蒙 [M]. 北京：北京大学出版社，2011：82—83.
② [美] 小威廉姆·E. 多尔. 后现代课程观 [M]. 王红宇，译. 北京：教育科学出版社，2004：180.
③ [美] 小威廉姆·E. 多尔. 后现代课程观 [M]. 王红宇，译. 北京：教育科学出版社，2004：102—103.

从 FEELS 假设的视角来看，广大的教与学英语的师生都是有情有意的、生态的、完整是人。对他们来说，教与学英语就像是在森林中探险，既有艰险，亦有乐趣。艰险就是他们面临的种种困难和问题。教师的任务应该就是支持学生，帮助他们克服困难、解决问题，使他们能够在英语学习之林中穿行。令英语教师最感高兴的时刻应该是看着学生一步一步地走出自己的问题、疑惑、沮丧、失望、冷漠、不自信、痛苦乃至痛恨，每天一点一点地进步。渐渐地，他们可能会感到受到欣赏、尊重，感觉到自己学习成功、变得更重要，并因此快乐起来。而在他们转变的过程中，教师也在和他们一起转变、一起成长，共享其成就和快乐。师生共同行走在森林中①。

本章从学校对学生群体的英语教育、英语在社会上和人们心目中的位置、以及个体学习者的英语学习等不同角度，采用不同的研究方法，对国人学与教英语的情况进行了描述、分析和解释，从而进一步阐明 FEELS 假设所强调的个体经验的价值和意义。

学校英语课程与教学的高投入低成效以及英语在社会上既似乎无所不在又几乎无处可寻的尴尬现实无言地说明了"无人"、"无情"的英语教育的失败，这可以从反面证明 FEELS 假设主张的培养完整的人的基本教育观念的人本性和正确性。佳佳在学校上了九年英语课，但却感觉几乎仅学会了 26 个字母，因此一想到英语就头痛；而在仅近两个月的一对一的英语辅导教学中，她便不断地发生创造性的转化，不断改变着对英语和英语学习的感受和态度，将令她头痛的英语学习变成了令她兴奋和渴望的探险和舞蹈！这一前后效果悬殊的个体学习者的英语学习

---

① 这种行走时时刻刻都充满决定，每一个决定都不可逆转，但好的决定却能帮助学生快乐成长。学生在不停地决定着如何对英语作出回应，教师也在不停地做出决定。教师的决定是对学生的回应，学生的决定也是对教师的回应。"呼唤与回应"是师生在教学中互动的风格。当师生能够相互听到对方时，他们就是在合作、互动、创造。

故事既诠释了"无人的"英语教育的"低效"、"无情"和"无趣"，又彰显了"重人的"英语教育的"有趣"、"有情"和"高效"，从而从正反两个方面印证了FEELS假设的教育价值。

因此我由衷地希望，FEELS假设能够在学校英语课程与教学中找到位置，得到认识和体现，每一个英语学习者都能成为真正参与的学习者，FEELS中的五个因素能够有效地互动，以使学习者和教师学与教英语的生活变得更精彩、更丰富、更人性、更具生命的活力，使他们能以一种身心参与的方式来体验英语的学与教，期盼他们能作为完整的人来享受英语的学与教，来自由地畅游于学与教英语的海洋。

第四章

践行 FEELS 假设之教学

作为一种个体体验性英语教学方法论假设，FEELS 已经获得世界过程哲学思想领域的认同，被认为是过程哲学思想在教学理论与实践中的扎实体现，作为有机教育思想的一个有机组成部分，作为唯一一篇以有机教育为主题的专题文章，被收入一部在美国由过程世纪出版社出版的过程哲学论著①中。2011 年它被美国一所大学作为课程理论指导思想，并贯穿实施于该课程的全过程，我本人应邀作为该课程跨国教师团队的一员参与了课程从创意到教材编撰、实施、评价的全过程②。2014 年，FEELS 被列为一年一期的中美过程（后现代）哲学暑期高级研讨班的课程内容，成为该班唯一的一门有机教育学及教学法课程③。

FEELS 假设在国内教育界也得到了一定程度的认可。《'FEELS'：一种建设性后现代的课程理念》一文发表于《广西师范大学学报（哲学社会科学版）》2012 年第 3 期。2014 年，美国当代过程哲学思想家团队将之作为有机教育理论的有机组成部分和一种行之有效的过程课堂

---

① 谢邦秀 and Jay McDaniel. Education in Service to Beauty: Pedagogy in Process Perspective [M] //Jay McDaniel, Patricia Adams Farmer. Ed. *Replanting Ourselves in Beauty: Toward an Ecological Civilization*. Anoka, Minnesota: Process Century Press. 2015: 25—32.
② 见本章"一、'在饮食与语言中创造文化身份：中美对话'课程的教学"。
③ 见本章"二、'第 9 届中美过程（后现代）哲学暑期高级研讨班'的课程与教学"。

教学法介绍给广东省广州市番禺区教育局和广东省国基教育发展研究院及其合作举办的"番禺区中小学岭南文化背景下德育特色创新与发展论坛",旨在帮助探讨如何用有机教育理论指导当地的中小学教育教学实践①;2015年又推荐给"第九届怀特海幼儿教育国际研讨会",建议将之用于指导和评价幼儿教育。2015年,我工作的学校通过了题为"FEELS个体体验性过程教学法——理论与实践"的教研课题,鼓励将之用于指导和评价本校各学科专业的课程与教学②。

以下案例可以例证,FEELS假设不仅如上一章所述可体现于英语的教与学中,也可适用于其他不同学科的课程与教学中。

一、"在饮食与语言中创造文化身份:中美对话"课程的教学

2011年我亲历了一门践行FEELS假设的课程——"在饮食与语言中创造文化身份:中美对话"(后简称"中美对话课程")③。该课程的施行显示了师生如何作为完整的人与他人、与课程内容互动并享受这种互动的舞蹈所带来的教学成果和乐趣。

---

① 【过程教育在番禺】番禺召开德育特色创新与发展论坛开启过程教育新里程. http://www.gdgjedu.org/shownews.asp?id=968;【过程教育在番禺】广州首个美国过程研究中心分部——美国过程研究中心广东国基过程教育研究所成立. http://www.gdgjedu.org/shownews.asp?id=967;为完整的人和繁荣的社会而进行的教育:过程教育理论与实践. http://www.gdgjedu.org/shownews.asp?id=970.

② 见本章"三、一堂'翻转的''刑事技术.文件检验'课的教学"。

③ Hendrix College. "Creating Culture Identity through Food and Language: United States and China in Dialogue". *Syllabus of* (*LBST* 300) *Creating Culture Identity through Food and Language: United States and China in Dialogue-May* 2011. http://www.hendrixcrosscultural.org/syllabus.html. 该课程与"社会学(饮食、自然与文化)"和"英语(作为一种全球性语言)"共同构成三门涉及跨文化比较与交流的系列课程。3名美国学生、1名缅甸留学生和3名中国留学生共修了该课程。与该课程有关的课程文件和材料、教学内容、课堂教学以及教学实践活动所使用的语言都是英语,本章此部分中引述的汉语内容是我根据相关材料翻译整理的。

(一) 课程简介

2011年5—6月,美国亨德里克斯学院(Hendrix College)的杰伊·麦克丹尼尔(Jay McDaniel)教授和其跨国教师团队设计、实施了"中美对话课程",旨在以探讨饮食和语言为桥梁来进行跨文化对话和交流,使学生通过修读课程、参与对话来学习跨文化对话和交流的艺术。不过,该课程并非仅停留在概念上,更存在于师生课堂教学的体验之中[①]。

(二) 教师团队

课程的教师团队由在美国的杰伊·麦克丹尼尔博士、乔·安·史蒂文斯(Jo Ann Stevens)女士、王松鹤博士和在中国的谢邦秀女士(我本人)组成。我能加入教师团队得益于与课程负责人麦克丹尼尔博士之间的数次愉快共事和不间断的沟通交流[②]。在与他的一次面谈中,我谈了许多自己学与教英语的体验和感受。说者无心,听者有意。他深深地为我的故事所吸引,非常欣赏我的英语表述能力,认为我的个人经历很有教育价值。他说他计划在亨德里克斯学院开设一门关于饮食、英语学习和文化身份认同的中美跨文化交流课程,我的故事可以成为该课程的重要组成部分,问我是否愿意参与该课程的开发和实施从而与更多的人分享我的个体经验。我当然愿意!

接到他的邀请,我既感荣幸,又感不解、没底、不安、新奇。我当然觉得"荣幸",因为这一来自大洋彼岸的课程教学合作邀请至少说明

[①] 在整个课程教学期间,师生们每天上午进行三小时的课堂教学,下午在实践性的互动活动中交流语言文化,分享、品味不同的饮食传统和习俗。

[②] 我们之间的交流方式包括面对面交谈、电子书信交流、越洋电话沟通和在由他担任主编的全球思想文化交流网站JJB上撰文对话,交流内容涉及过程哲学思想、中美文化、饮食习俗、教育、语言的教与学以及日常生活智慧等话题。基于这样的交流与了解,当他构想开设一门关涉饮食、语言学习和文化身份认同的中美跨文化交流课程,需要寻找课程教学合作者、组建教师团队时便想到了我。

我作为一名英语教师的学识、人品受到了他的认可乃至欣赏，我学与教英语的个体经验以及我关于中国英语教育、饮食习俗以及日常生活等方面的所思所想是有价值、值得尊重和交流的，甚至是值得作为教学内容搬进美国大学课堂的。我的"不安"、"不解"、"没底"来自于我对美国大学课程制度和文化的不了解：在我的经验中，课程是一种严肃的、自上而下规定好了的教育事实，高高在上，教师个人只能是按照规定执行课程的课堂教学任务，把规定好的、体现于课本中的教学内容传授给学生。我作为学生是如此被教的，作为教师是按如此要求施教的，至少我所熟悉的我国英语课程是如此，一直如此，至今如此！难道在美国，教师个人可以自主决定开设什么课程、提供什么课程内容、如何实施课程、由谁参与课程实施吗？这样是不是太不严肃了？这离我的经验太远了，令我不解。我感到"没底"的是，我的个体经验真的重要到了可以作为课程内容走进美国的大学课堂吗？这一切对我来说太新奇、太有诱惑力了！我恰恰喜欢新奇的事情，喜欢挑战，喜欢探险于新的可能性！受到这一新的可能性的强烈诱惑，在一种既不安又跃跃欲试的矛盾心态下，我接受了他的邀请，成为课程教师团队的一员，直接或间接地参与了课程各个环节的活动。

（三）课程的生成

亨德里克斯学院一门课程的生成①包括以下步骤：（1）教师作为课程负责人设计欲开设的课程的课程目标及实施方案；（2）课程负责人向学院有关部门申报课程开设计划；（3）学院有关部门批准课程设计方案、下达课程开设计划、划拨经费；（4）课程负责人组建教师团队；（5）教师团队协商、讨论教学大纲、实施方案、课程内容以及教学地

---

① 在撰写此段描述时，我专门针对美国亨德里克斯学院的课程开发程序通过电子邮件（2011—09—27）向"中美对话课程"的负责人杰伊·麦克丹尼尔博士进行了咨询，得到了他的认同。

点；(6) 教师团队在校园网上公布课程的详细信息，包括教学大纲、实施方案、课程内容以及教学时间、地点等，学生据此在网上选课；(7) 教师团队和选课学生共同按时实施课程教学；(8) 师生就课程的教学情况给出反馈意见，教师团队收集反馈意见并利用它们来改善随后的教学；(9) 教师团队通过对学生进行测试和从师生那里收集评估和评价意见来检查课程教学效果①；(10) 课程负责人根据以上信息总结课程计划的实施情况，就课程是否有再三开设的价值提出建议或作出决定。

（四）课程共同体：一个成员（我本人）的价值

1. 提供课程理论指导思想：

我提出的 FEELS 假设②被用作课程贯穿始终的理论指导思想。

2. 参与课程的教材开发

我将自己学与教英语的个体经验分成"我学英语"③ 和"我教英语"④ 两段分别进行了连续描述，撰文讨论了其他人学英语⑤以及英语

---

① 检查的项目包括：学生学得如何、教师教的效果如何、课程内容的适切性如何、教学活动对达到课程目标的作用如何等等。

② 谢邦秀. FEELS——一种建设性后现代课程教育理念 [EB/OL]. http://www.jesusjazzbuddhism.org/feels.html.

③ 谢邦秀. Learning English, a part of my life [EB/OL]. http://www.jesusjazzbuddhism.org/learning-english-i.html. 此文共十个部分，每一部分都以英汉双语的形式连续发表在了 JJB 网站上；后被收入《呼唤与回应：一种生命历程——学英语、教英语》（谢邦秀，杰伊·麦克丹尼尔，北京：化学工业出版社，2016：2—78）中，构成该书的第一部"学英语"篇。

④ 谢邦秀. My Story: Teaching English in China [EB/OL]. http://www.jesusjazzbuddhism.org/my-story-teaching-english-in-china-part-i.html. 此文共七个部分，其中前五部分内容以英汉双语的形式连续发表在了 JJB 网站上；后被收入《呼唤与回应：一种生命历程——学英语、教英语》（谢邦秀，杰伊·麦克丹尼尔，北京：化学工业出版社，2016：79—221）中，构成该书的第二部"教英语"篇。

⑤ 谢邦秀. When Headache Becomes Adventure—Dancing with English with Help from a Teacher [EB/OL]. http://www.jesusjazzbuddhism.org/when-headache-becomes-adventure.html.

在中国的现状①,撰写了几篇关于中国饮食习俗的小文②。这些文章都以英汉双语的形式发表在了JJB网站③上,并都得到了麦克丹尼尔教授从过程哲学思想角度作出的书面回应④。它们都被选用为"中美对话课程"的教学内容,成为课程教材的重要组成部分⑤。

3. 参与课堂教学

我以一种特别的方式直接参与了课程的课堂教学。由于我无法在计划的课程教学时间到达实施课程教学的美国亨德里克斯学院进行课堂面授或与学生及同事进行面对面交流,根据课程"教学大纲"的安排,我于美国当地时间2011年5月25日上午9:00—10:20(中国北京时间为当日晚10:00—11:20)在中国武汉通过越洋网络电话与在美国的亨德里克斯学院"中美对话课程"共同体的师生进行了远程电话教学对话和交流⑥。教学交流的内容基于学生对我的文章的阅读,讨论的主要话题是英语在中国的教与学。囿于交流方式的局限,教学互动以学

---

① 谢邦秀. English in China Today [EB/OL]. http://www.jesusjazzbuddhism.org/english-in-china-today.html.
② 谢邦秀. Porridge in China: The Laba Festival, a Nursery Rhyme, and a little Whitehead [EB/OL]. http://www.jesusjazzbuddhism.org/laba-porridge.html; "'Nothing Can Be More Delicious Than *Jiaozi*'". http://www.jesusjazzbuddhism.org/nothing-can-be-more-delicious-than-jiaozi.html; "'Guò Zǎo' and Hot-and-Dry Noodles—A Glimpse of the Food Culture of Wuhan, China". http://www.jesusjazzbuddhism.org/ldquoguograve-z462ordquo-and-hot-and-dry-noodles.html.
③ JJB网站: http://www.jesusjazzbuddhism.org.
④ 这些回应也被我翻译成了汉语,因此也都得以以英汉双语的形式出现在JJB网站上。
⑤ Hendrix College. "Creating Culture Identity through Food and Language: United States and China in Dialogue". *Syllabus of (LBST 300) Creating Culture Identity through Food and Language: United States and China in Dialogue—May* 2011. http://www.hendrixcrosscultural.org/syllabus.html.
⑥ "English in China". http://www.hendrixcrosscultural.org/visit-with-xie-bangxiu.html.

生和同事轮流提问、我逐一解答的方式进行①。时间飞逝，不知不觉中已到了下课的时候，但电话的两端仍意犹未尽。

4. 教学活动反馈

很快，参与电话教学活动的师生就以不同的方式对这次空中互动和交流给出了回应和反馈。

（1）校园网网页反馈

在亨德里克斯学院网站记录这次电话教学交流活动的网页②上，"中美对话课程"共同体发表了对此次教学活动的简评和部分学生的参与感想。课程共同体在简评中确认，"我们班的师生均已读完 JJB 网站上一位中国武汉的英语语言教师的文章……她是一位中国教育的敏锐观察者，为 JJB 网站撰写了一系列关于语言学习和教学的精彩文章，还撰写了一些关于中国饮食文化的文章。我们在课堂上读到了她讲述的故事，在实践活动中用到了她提供的食谱及食物烹制方法"③。学生劳伦·黛拉诺（Lauren Delano）在感想中说："因为英语在谢邦秀的生活中如此重要、有如此大的影响，我满以为当她发现有学生不喜欢英语时会大失所望。我特别欣赏她处理这一问题的方式……她不介意学生讨厌

---

① 我感觉他们所提的每一个问题都是在认真阅读了教学内容（我的文章）的前提下结合他们自己感兴趣的方面经过深思熟虑后提出来的，涉及的话题包括中国的社会政治历史文化对中国英语课程与教学的影响、我自己为什么如此喜欢英语、我如何解决语言规则学习带来的困扰、作为曾经的高考落榜者我自己是如何走出阴影重新振作起来的、作为教师我在教学中如何在诸如高考和大学英语四六级统考等考试指挥棒下培养学生的英语语言运用能力、在碰到不愿意甚至痛恨学英语的学生时怎么办、作为母亲我是如何教自己的孩子在中国汉语语境下学英语的，等等。我认真地倾听并记录下每一个问题，耐心、坦诚、知无不言地解答所有的问题，不时地询问提问者，与他们讨论、协商、对话，以确认相互的理解正确、无误。

② "'English in China'". http://www.hendrixcrosscultural.org/visit-with-xie-bangxiu.html.

③ "'English in China'". http://www.hendrixcrosscultural.org/visit-with-xie-bangxiu.html. 此段话的原文是英语，引号中是我翻译的此段话的汉语译文。

英语这门学科，只要求学生把她作为一个老师和朋友来爱、来尊重。这种想法太妙了。当我们不想做某事或者不满意人们做出的某一决定时，我们必须考虑这个人本身。我们应该抛开情境而去爱和尊重作为个人的他们。"① 中国留学生黄海燕在从我的解答中了解到我对自己女儿的英语教育经历了漫长而曲折的历程②时联想到她自己的直接经验和亲身感受："在读了您的'学英语，我生活的一部分'一文后，我更理解我的父母亲了。我想我以前不明白我父母亲为什么迫使我学英语，以为也许是因为我和父母亲之间有代沟。但现在我理解了，他们是在努力为我提供最好的学英语的机会，以实现他们自己未能实现的梦想。"③ 中国留学生董维稚对文章的双语版面以及其中的实景图片感兴趣："你的大多数文章都有汉语版，这对想学英语的中国学生或想学汉语的美国学生来说都具有十分重要的意义。配上你发给我们的照片，你的文章给我们带来了栩栩如生的鲜活体验，如怎样做饺子、你父亲长得什么样，等等。它们特别吸引我。我还喜欢你讲述你自己的故事和描述中国的现实状况时的坦诚方式。"④ 学生卡尔文·潘（Calvin Pun）对标准化考试给学生造成的影响感兴趣，他甚至在其评论中给出了关于解决这一问题的建议："你的'英语在今日中国'一文和咱们之间的电话交谈都谈到学生如何参加并通过了大学英语四、六级考试以及其他考试，但却并未能够真正地、很好地掌握英语的问题。中国的英语教学如何才能既帮助人们通过考试又使他们能够学会开口说英语呢？在我看来，或许可以在考试

---

① "'English in China'". http：//www.hendrixcrosscultural.org/visit-with-xie-bangxiu.html. 此段话的原文是英语，引号中是我翻译的此段话的汉语译文。
② 我教女儿学英语经历了如下阶段：（1）我高压强制，女儿心生恐惧、憎恨；（2）我认识到有问题，调整态度改用更宽松、共情和寓教于乐的方式教女儿；（3）女儿转变学习英语的心态、体会到在玩中学并学有所获的乐趣。
③ "English in China". http：//www.hendrixcrosscultural.org/visit-with-xie-bangxiu.html.
④ "English in China". http：//www.hendrixcrosscultural.org/visit-with-xie-bangxiu.html.

中增加口语测试以检测学习者的口语能力。但是如果实施口语考试的话，中国的英语老师们总能找到为应试而学英语而非真正地教英语的办法。如果情况是这样的话，那么所有的责任又将都会落在如你自己一样的英语老师和教授身上，并按照你在电话中所描述的那样去教英语。老师们将不得不投入更多的时间和精力来教学生英语，以使他们能够获得英语能力。有没有什么办法可以切分一下责任，使老师们可以不必对激发学生学习负全责？能否对考试进行改革，改为检测学习者的英语语言能力和对英语的理解而非仅测试死记硬背的东西？"①

（2）书面问卷反馈

不仅如此，"中美对话课程"共同体还以回答问卷的形式对这次电话教学互动活动给出了书面反馈。问卷包括三个问题：①谢邦秀文章中的哪些方面能帮助你很好地理解中国语境下英语的教与学？②你感觉通过电话与她交流有趣吗？③你愿意她到美国来访并来亨德里克斯学院讲学吗？如果愿意，你想听她讲些什么？②

师生在对第一个问题的回答中认为，我的文章在以下方面有助于他们理解中国英语教与学的情况："对谢邦秀这一代人来说在中国学英语和教英语真非易事"；"个人品质"对英语学习者和教师"很有帮助"；

---

① "English in China". http://www.hendrixcrosscultural.org/visit-with-xie-bangxiu.html；谢邦秀. 英语在今日中国之反思——一个怀特海过程哲学视角 [J]. 世界文化论坛（美国克莱蒙），2011，46 (6).

② 三个问题的原文：①What aspects of Xie Bangxiu's articles helped you best understand the teaching and learning of English in a Chinese context? ②Was it interesting for you to hear her on the phone? ③Would you like for her to visit the US and lecture at Hendrix College? If so, on what subjects might you like her to lecture?

"我非常喜欢读她的故事、她父亲的故事和诗词"①;"谢邦秀的父亲醉心投入文学(诗词)创作打开了我的眼界,让我看到英语的全球性影响,看到英语可以如何用来帮助我分享中国人对美的理解和诠释";"阅读谢邦秀自己受教育的经历帮助我了解中国教育以及中国人对英语的态度";"'文革'的影响以及那一时期英语对她的重要性";"她用英语写作的关于她学和教英语的经历";"英语在今日中国";"她诚实的表述方式";"了解一个经历了学和教英语的过程的人很有益";"她对英语充满激情"。②他们如此回答第二个问题:"听她讲述她教和学英语的经历很有趣,我很高兴我得以从更全面的视角来理解中国学生对学习英语的态度";"她很有礼貌,对我提的问题感到很兴奋";"我特别享受听她谈她如何教那些并不真正喜欢学英语的学生学英语的经历,这让我认识到英语不过是学校里的又一个学科,有人会喜欢,有人想逃避";"她谈了许多关于中国学校课堂教学的情况";"能够交流的经历真棒"。在对第三个问题的回答中,他们都希望我能够到亨德里克斯学院去讲课,与他们进行面对面交流,共同讨论以下话题:"更多有关她的生活的故事"、"中美文化对话"、"诗词"、"对英语教学的态度"、"英语作为第二语言的学习"、"英语以及在中国教英语"、"今日中国人对英语学习兴趣的变化"、"对会说英语者的看法方面的观念"、"英语在中国的地位和作用"等等。

  书面反馈还反映出了课程共同体对批评和不同见解的开放态度和师生真诚交往的民主氛围:一位学生对电话交流开始时的电脑网络信号障

---

① 谢邦秀. Writing Poetry Can Begin After Eighty: My Father as a Poet in Process [EB/OL]. http://www.jesusjazzbuddhism.org/writing-poetry-can-begin-after-eighty.html; 谢育. 沁园春. 谢良师(二首) [EB/OL]. http://www.jesusjazzbuddhism.org/writing-poetry-ii.html; Jay McDaniel. "Jay's Response". http://www.jesusjazzbuddhism.org/jayrsquos-response-to-the-poem.html.

② 所有的反馈都是英文,引号中是我翻译的各条反馈意见的汉语译文。

碍进行了批评："如果电脑问题能够得到解决，效果会更好"；还有一位学生对此次电话交流活动的准备工作不满意，认为应该在真正通电话之前先"预演，这样我们可以提出更有准备的问题，使我们能够更好地了解她"。

(3) "致谢信"① 反馈

这一切亦均反映在了课程负责人麦克丹尼尔教授代表亨德里克斯学院发给我的"致谢信"中："尊敬的谢邦秀，我代表亨德里克斯学院感谢你对我院实施的一门成功而独特的课程所作的贡献，这门课程就是'在饮食与语言中创造文化身份：中美对话（2011年5月）'。如你从对课程的评价中可见，学生们对你为课程所撰写的文章以及对在课程教学过程中与你的越洋电话交流两者都给予了积极肯定的反馈。他们希望，在此课程再度实施时，你还能再参与教学，也还能再度使用你的文章。他们还希望，如果可能的话，你可以到亨德里克斯学院来进行课堂面授。作为课程共同体教师团队的一员，我和他们有同感。如你所知，课程教师团队中在现场进行教学的有三人：杰伊·麦克丹尼尔博士、王松鹤博士和乔安·史蒂文斯女士。我们在教学的过程中认识到，我们需要你，因为你能够理解和解释本课程的一个核心主题：中国人如何通过他们所使用的语言，或更具体地说通过作为外语的英语，来形成自己的身份意识。当你在网站上、文章中讲述你自己学和教英语的故事、评价英语在中国的状况、分享你父亲的诗词时，我们得到了极大的丰富。还有一点也很重要，在我们讨论饮食与身份的话题时，你关于饮食——关于饺子、腊八粥和热干面②——的文章起到了重要作用。"

---

① 此信的原文是英语，引号中引用的内容是我翻译的汉语译文。
② 谢邦秀．"'Guò Zǎo' and Hot-and-dry Noodles—A Glimpse of the Food Culture of Wuhan, China"．http://www.jesusjazzbuddhism.org/ldquoguograve-z462ordquo-and-hot-and-dry-noodles.html．

（五）课程共同体：每一个成员都重要

当然，这里详尽描述的仅是我本人在这一课程开发和实施的过程中亲历亲为、切身感受的直接经验，而这些只是课程整体的一小部分，只是课程开发实施全过程中的一个侧面和片段，课程中还有许多同样重要或者更为重要的成分和时刻，还有许多其他人的经历、感受和贡献。其中课程负责人麦克丹尼尔教授所秉持的过程哲学思想及其课程创意、渊博学识、共情心怀、创新智慧、身心投入、积极宣传、热情鼓励、遇挫不退、耐心坚持、坚定信心、严格要求、周到安排、细致工作、欢迎多样、尊重个体、欣赏差异、强调经验、重视感受等品质和作为，是课程计划能够获得批准、得以成为事实并最终成功实施的重要保证。可以说，没有麦克丹尼尔教授其人、其思想、其学识、其智慧、其激情、其毅力、其敬业精神，就没有这门课程的产生。

事后，在与当时在现场参与了课程从筹划到实施全过程的课程教师团队的成员之一王松鹤博士的一次交谈中，我得知课程在真正实施之前遭遇了不少波折和困难，其中最大的困难是组建有共同兴趣并各有专长的教师团队和吸引学生选课。事实上，课程教师团队的成员一直在更迭，直到课程即将实施的前夕才最后稳定下来。而选修一门课程的学生人数可能直接关系到课程是否能最终真正走进课堂得以实施。该课程遭遇的极大尴尬是选课的学生太少。最后，一个由十一人组成的"中美对话课程"共同体（美国师生五人、中国师生五人、缅甸留学生一人)① 终于形成，并共同携手踏上了其课程实施之旅。

（六）FEELS 之于"中美对话课程"

"中美对话课程"的理论指导思想就是 FEELS 假设，设计实施这一课程的目的在于显示这一假设是否具有现实的教育意义，可否用来指导该课程的教与学。因此，课程教师团队以 FEELS 假设为指导来构想、设计、实施、评价此课程。

基于 FEELS 假设，"中美对话课程"的教学以协商和研讨的方式进行，旨在使学生和教师团队能够共同探索和理解人们通过语言和饮食传统形成文化身份的不同方式，了解课程参与者之间进行的跨文化对话交流能否成为达成这种理解的一种途径。就课程目标而言，该课程一方面有一些方向性目标②。为了更好地在理论层面上理解跨文化交流，课程共同体选择使用詹姆斯·流利叶普（James Neuliep）博士的关于交流理论的著作——《跨文化交流：一种语境途径》③ 作为教材之一。由于师生特别想了解英语语言学习在中国学生的心理和思想观念方面所起的作用，因此他们使用了我撰写的关于在中国学与教英语的系列文章作为课程教材的一部分，来帮助他们理解英语在中国教与学的情况。另一方面，实现目标的具体方式方法则在课堂教学经验的动态之流中日日新、

---

① 只有三个美国学生和一个缅甸留学生通过学院的网络选课系统选修了此课程，以至于课程教师团队不得不几次开会讨论是否有必要仅为四个学生开设此课程。最后大家达成共识：每一个学生都有其独特的价值，每个人的声音都重要，每一个选课决定都值得尊重，只要有一个学生选修此课程，就有必要开课。考虑到课程的目的是通过中美对话达成关于饮食、语言与文化身份方面的跨文化交流，培养学生跨文化交流的艺术，课程教师团队为这四个选课学生推荐了三个中国留学生同学，使中美对话在学生同伴中成为可能。
② 通过讨论、阅读、分享不同的语言文化传统以及烹制、品尝不同文化传统中的饮食达成跨文化理解与交流。
③ James Neuliep. *Intercultural Communication: A Contextual Approach.* Sage Publications. 2006. 该书研究影响跨文化交流的问题，包括隐含于语言使用和饮食偏好中的文化差异。

时时变,每一次课的具体目标也随着教与学的进展而不断被更新、被创造（F:"目标的灵活性"）。

学生通过阅读关于跨文化交流的课文、参与与课文作者之间的越洋电话交流、倾听他人的人生故事、讲述自己的生活故事、分享各自不同的饮食文化传统、相互学习并自己直接动手烹制各种饮食等方式进行学习,全身心地参与到各种学习体验活动之中（E:"学习者的参与性"）。以 FEELS 假设为指导思想的"中美对话课程"将"参与性的积极学习"视为其优于其他一切的目标,课程教师团队的兴趣在于使学生真正参与于其学习之中。学生在各种参与性的教学活动①中获得实际、有用的跨文化对话技能,在学习掌握知识技能的同时创造新的知识,丰富自我,取得长进,愉悦身心,成长为完整的人。亨德里克斯学院著名的奥德赛项目②为该课程所要求的"参与性"教学提供了重要的语境支持。

"中美对话课程"的内容是整体性的、跨学科的、跨文化的,各种知识都体现在师生的共同学习和相互学习活动之中（E:"知识的体现性"）。知识不仅以教材内容的形式体现在文本中、理论上,也以实际活动和动手操作的形式体现在师生们的生活经验中③。教与学的过程是具有"活泼性"的"关系性学习"过程（L:"关系性学习的活泼

---

① 参与性的教学活动：课程实施期间每天上午的跨文化交流尝试、下午烹制和品尝饮食的实践活动以及与所读课文的作者进行的直接接触和交流探讨,等等。
② 这里"奥德赛"指"文化探险"。该项目要求学生参与并体验三种参与性学习活动之后才准予毕业。相应地,修读"中美对话课程"的学生还能够得到学院规定的文化探险方面的学分。详见"Your Hendrix Odyssey: Engaged in active learning". http://www.hendrix.edu/odyssey/odyssey.aspx.
③ 在理论层面,课程共同体以流利叶普的著作和我撰写的关于英语语言在中国教与学的状况以及中国饮食文化的文章为引导。为了让这些知识也体现在学生生活中情感的和实践的方面,教与学的活动中充满了一对一的跨文化对话尝试,师生共同体验与其他人交流语言学习的经验和感受,合作烹制并品尝食物,从而丰富其跨文化对话和交往的实践技能和切身感受。

性")的生动展现。在其中,师生们全方位地参与于生机勃勃的学习过程之中,全身心地参与各种教学活动、融会贯通各种知识技能、与他者①合作,进行讨论、增进了解、相互合作、互动共进:师生们通过网络电话就所读文章与作者本人进行了交流②;上门拜访了一位在美国阿肯色州康威市已定居约三十年之久的美籍华人(台湾人)简妮特·雷音(Janet Lane)女士③;在阅读了有关中国的腊八粥④和饺子⑤的文章后,亲自走进厨房,体验如何煮粥、如何制作饺子,品尝自己直接参与烹制的体现中国饮食习俗的营养粥和鲜美饺;走进一家意大利餐厅,倾听潘牧·阿尔瓦特罗尼(Pam Alvatroni)讲述她的故事,享用她烹制的意大利美食,与她共同陶醉于浓郁的意大利风情之中;从乔·安·史蒂文斯(Jo Ann Stevens)教授那里学到了黎巴嫩风味的"麻尼西饼"(Maneesh)⑥的食谱及制作方法,与她共同制作、分享了这种具有中东

---

① 这里"他者"指老师、同学、教学内容、教学设施、教学环境以及学生自己的身心。
② "English In China-Our visit with Xie Bangxiu by telephone". http://www.hendrixcrosscultural.org/visit-with-xie-bangxiu.html.
③ 她饱尝了移入异文化的艰辛,成为一个跨文化交流和不同文化融合的产物:她既是中国人,也是美国人,更是她自己;同时,她所展现的又既不完全是中国文化,也不完全是美国文化,既非两者都,亦非两者都不,而是一种帮助她在两种文化的冲突和交融中找到自我、达成平衡的"第三文化",这种"第三文化"帮助她不断地超越其自我,实现其自身的创造性转化和创造性和谐。"Visiting with Janet Lane". http://www.hendrixcrosscultural.org/janet-lanes-chinese-cooking-party.html.
④ 谢邦秀."Porridge in China: The Laba Festival, a Nursery Rhyme, and a little Whitehead". http://www.jesusjazzbuddhism.org/laba-porridge.html; http://www.hendrixcrosscultural.org/chinese-porridge-show.html.
⑤ 谢邦秀."'Nothing Can Be More Delicious Than *Jiaozi*'(好吃不如饺子 hao chi bu ru jiao zi)—A Recipe, Some Stories, and a Whiteheadian Reflection". http://www.jesusjazzbuddhism.org/nothing-can-be-more-delicious-than-jiaozi.html; http://www.hendrixcrosscultural.org/making-jiaozi-dumplings.html.
⑥ 麻尼西饼(Maneesh):一种以漆树花粉为主要味料,以芝麻和百里香为作料的烤饼。详见"Professor Jo Ann Stevens' Breakfast: Maneesh". http://www.hendrixcrosscultural.org/stevens-breakfast-maneesh.html.

171

风味的佳肴；学习、制作、品尝了地道的美国"猴仔面包"（Monkey Bread）①和"黑豆砂锅"②；结合中美饮食文化习俗，创造、共享了融合美国和亚洲饮食文化的"美国素辣炒和亚洲（缅甸）烧烤"③；在其共同烹制的火锅中体验到了多样性相互融入、不断合生的"火锅哲学"④。

教师是这种活泼互动的关系性学习的支持者（S："教师的支持性"）和参与者，其支持表现在将学生看作完整的人，通过组织、指导、协助、参与各种教学活动，通过夸奖成功等鼓励性支持而非批评不足等惩罚性贬抑的方式督促、鼓励学生积极参与于其学习之中，使他们信心十足地投入到跨文化对话交流中去，练就跨文化交流意识和对话能力。他们在考虑教学任务的同时亦考虑学生的生活经验，关注学生的个体经验及其在智力、情感和实践等各个方面的体验和感受，作为其良师益友和学习中的同路人，亲切、随和、平等地对待每一个学生。

二、"第9届中美过程（后现代）哲学暑期高级研讨班"的课程与教学

过程哲学思想可以为教育思想提供一种一般框架，至少可以包含以下观念：教育的主题、创造性与协同创造力、理智与感受、多种智力、审美体验、呆板概念问题、浪漫、标准化问题、做中学的价值、学科分

---

① "Making Monkey Bread". http://www.hendrixcrosscultural.org/monkey-bread.html.
② "American Dishes' Night: Black Bean Casserole". http://www.hendrixcrosscultural.org/american-dishess-night-black-bean-casserole.html.
③ "Vagan Chili and Asian Barbecue". http://www.hendrixcrosscultural.org/american-vegan-chili-and-chinese-cuisine65288214492890365289.html.
④ "Hot Pot Philosophy". http://www.hendrixcrosscultural.org/hot-pot-philosophy.html.

裂问题、完整的人的教育。① 要遵循这些指导方针，要走进个体的学生的生活，教育需要有一种可践行的有机教育理念。FEELS 假设就是这样一种基于怀特海过程哲学思想的个体体验性教学方法论理念。

（一）"后九"②

在 2014 年 7 月 11 至 18 日期间，在风景优美、气候宜人的中国黑龙江省牡丹江市举办的"第九届中美过程（后现代）哲学暑期高级研讨班"（简称"后九"）。无论是其全过程作为一个建设性后现代教育事件整体，还是其中的各个环节，都充分体现了 FEELS 精神，充满了 FEELS 所倡导的目标的灵活性、学习者的参与性、知识的体现性、关系性学习的活泼性和教师的支持性。其和谐的组织机构团队、周到的东道主、支持的教师团队和多样的学员群体围绕明确的大主题——"过程哲学及其对生态文明和教育改革的意义"，基于灵活的教学安排和目标，共同踏上了一次体验 FEELS 假设的、可能改变每一个人生命轨迹的旅程。

"后九"拥有一个强大而和谐的组织机构团队。它由哈尔滨工业大学人文学院、哈尔滨师范大学教育科学学院、牡丹江师范学院、哈尔滨工业大学建设性后现代研究中心和美国过程研究中心主办，由中国自然辩证法研究会未来哲学与发展战略专业委员会（筹）、中美后现代发展研究院和中国过程学会协办。各方之间的活泼互动、通力协作和相互支持为"后九"的生成搭建起一座通往可能性的平台。在此平台之上，东道主牡丹江师范学院的倾力支持、悉心安排、扎实工作、灵活应变和微笑付出为各种可能性转化为现实提供了全方位的、系统的保障。

由十一人构成的"后九"跨国教师团队可谓阵容豪华，包括芭巴

---

① 谢邦秀，杰伊·麦克丹尼尔. FEELS：一种过程教学法理念——教育服务完整性与美［EB/OL］. http：//www.jesusjazzbuddhism.org/process-and-pedagogy-chinese-and-american.html.

② "后九"："第 9 届中美过程（后现代）哲学暑期高级研讨班"的简称。

拉·海尔斯·麦斯礼（Dr. Barbara Hiles Mesle）、罗伯特·麦斯礼（Dr. Robert Mesle）、樊美筠、王治河、凯文·克拉克（Dr. Kevin Clarke）、安愫恒（Prof. Angela Donnelly）、劳瑞·斯图尔特（Ms. Laurie Stuart）和约翰·贝克尔（Mr. John Becker）八位来自美国过程研究中心和中美后现代发展研究院的过程哲学思想家和学者，以及杨富斌、杨丽和谢邦秀三位来自中国的过程哲学思想研究学者。由近六十人组成的学员队伍更是丰富多样、异彩纷呈：他们中有年近花甲的长者，亦有二十来岁的青年；有中小学的特级、高级教师或大学的院长、教授，亦有在读的大学生、研究生；有来自美国的博士生，亦有来自中国乡村的工作人员①。他们个性秉性相去，文化背景各异，学科专长不同，研究旨趣有别，但其对过程哲学思想的共同兴趣与热情使他们聚到一起，组成了一个多样而协调的共同体——"后九"，相互支持，共同体验其FEELS之旅。

（二）FEELS假设于"后九"

在"过程哲学及其对生态文明和教育改革的意义"的大主题下，为了使中国的中青年学者能较系统地了解当代西方的过程哲学和建设性后现代主义的基本理论及其对中国的生态文明建设和教育改革所具有的特别的理论意义和现实意义，"后九"遵从过程哲学与建设性后现代主义对交叉科学研究的重视，向具有不同学科背景和研究旨趣但对这一大主题有兴趣的所有人开放：哲学（包括过程哲学、价值哲学、生态哲学、教育哲学、建设性后现代主义、女性主义等）、政治、经济、科技、生态、农村与农业、包容性发展、法律、心理、教育等不同专业或

---

① "后九"共同体的成员都是同怀过程哲学思想的过程家庭：有过程爷爷、过程奶奶、过程爸爸、过程妈妈、过程青年、过程儿童；几十个人走到一起，有教授有学生，有中国人有美国人，从二十岁到七十多岁，一见面就亲切，正是因为他们崇尚相同的哲学思想的原因。

职业领域的人员。

"后九"要求学员结合阅读英文原版教材,听美、中教师授课,用英语参加讨论,用英文撰写结业论文等学习方式达成如下"学习目标"①:"学习怀特海《过程与实在》中的核心哲学概念"、"学习了解过程哲学思想家或建设性后现代思想家们如何发展这些观念,使之关涉生态学、教育、经济学、家庭生活、科学、亚洲传统以及整合亚洲与西方观念的21世纪启蒙愿景"、"学习探索如何结合学生兴趣应用建设性后现代思想"。很显然,这些目标都是方向性的,灵活的。实现这些目标的方式方法在课堂教学经验的动态之流中不断变化、更新,每一次课的具体目标也随着课程教学的进展而不断被更新、被创造(FEELS假设中的F)。

在"后九"共同体中,"参与性的积极学习"被视为优于其他一切的最高目标。教师团队全体教师的兴趣在于使学生成为具有"参与性"的学习者(FEELS中的第一个E)。使"后九"成为"参与性"学习共同体的因素包括教学实施期间每天上午的课堂教学、每天下午的小组活动、每天晚间的自由活动和自主学习、两次郊游活动以及一次联欢活动。在丰富多样的教学活动中,师生们不分讲台上下、舞台上下、室内户外、白天黑夜,人人忘我参与、忘情体验。

"后九"的教材包括《过程—关系哲学》(罗伯特·麦斯礼)、《什么是过程哲学思想?》(杰伊·麦克丹尼尔)、《怀特海哲学术语》(柯

---

① 参见"第9届中美过程(后现代)哲学暑期高级研讨班课程安排(2014年7月11—18日)"中的"Learning Goals(学习目标)": "To learn about core philosophical ideas in Alfred North Whitehead's *Process and Reality*", "To learn about ways in which those ideas have been developed by 'process' or "constructive postmodern" thinkers in relation to ecology, education, economics, family life, science, Asian traditions, and prospects for a 21st century Enlightenment integrating Asian and Western perspectives", and "To learn about ways of using constructive postmodern thinking in relation to individual student's interests."

布)、《拯救星球的十个观念》(柯布)、《过程哲学思想家相信什么?》(杰伊·麦克丹尼尔)、《一种新文明的五个基础》(柯布)、《上帝与仙台地震》(柯布)、《建设性后现代主义在中国》(王治河)、《建设性后现代生活方式》(王治河)、《作为后现代思潮的第二次启蒙》(王治河、樊美筠)、《如何进入怀特海过程哲学》(杨福斌)、《我国怀特海过程哲学研究85年》(杨丽、温恒福)、《FEELS——一种过程教学法理念》(谢邦秀)、《怀特海哲学》(视频)、《21世纪启蒙》(视频)、《网络思维》(视频)、《撕裂的大脑》(视频)、《改变中的教育范式》(视频)等。这些内容通过如下教学活动鲜活地体现在师生们的教学生活和经验中(FEELS中的第二个E)。

每天上午的课堂教学活动包括：诵译蕴涵过程哲学思想的诗歌，即兴创作、弹唱充溢过程哲学意蕴的音乐、歌曲，阅读、翻译过程哲学原著，讲解、议论过程哲学概念及原理，阐发、讨论过程哲学思想的发展及其对人类当下生活的意义，研讨国内对过程哲学思想的研究、分享在不同领域应用过程哲学思想的研究与成果，学、练既源自中国传统又得生态精髓的中华健身气功(《八段锦》)。每天下午的小组活动包括：精读过程哲学原著，讨论、领悟过程哲学概念及原理，通过游戏或角色扮演展示对过程哲学概念及原理的理解与把握，师生一对一协商、讨论各自对过程哲学思想的理解及其对个人的学习、生活和工作的启示与意义，学、练《八段锦》。每天晚间的自由活动或自主学习包括：或结伴或独自阅读原著及相关文献，消化吸收白天的学习内容，预习下一天要教学的内容，走上大街小巷、漫步公园广场、步入商场店铺、坐进大排档小餐馆、赤脚伸入鱼疗盆，了解牡丹江当地的风土人情，体验当地独具特色的习俗、饮食和养身、休闲、娱乐方式。两次郊游活动使师生得以走出教室、走进大自然、在自然的怀抱里、在自由的交流中、在欢歌笑语中体验过程之旅的美妙。结业联欢晚会则将共同体的全体成员带进一种既充溢欢歌笑语，又满怀离情别绪的纠结情境，大家刚刚开始彼此熟悉就要相互别离，人人争相展示自己的独特才艺：器乐独奏，诗歌朗诵，京剧清唱、歌曲弹唱、独唱、对唱、合唱、独舞、歌伴舞、功夫扇舞、集体共舞。这一切都是"关系性学习的活泼性"（FEELS 中的 L）的生动实例。这里没有任何二元对立的场景，只有管理者与师生、师与生、师与师、生与生以及师生与文本及环境等各方之间在教学活动中的倾力合作、活泼互动。

课程教师团队的全体教师都关注学生的体验和感受，鼓励学生身心俱在地积极参与于其学习之中，使他们信心十足地投入到这场过程哲学思想引领下的跨国、跨文化、跨学科领域的学习与交流之中，结合自己的生活经验、学术研究方向和个人兴趣，学习过程哲学概念与原理，探索如何应用过程哲学思想来拓展自己的研究视域，提升个人、社会乃至全球的生活品质。教师们的主要作用是支持（FEELS 中的 S），即把学生看作在智力与情感、理论与实践等各方面都有其自身独特体验和感受的完整的人，通过组织、指导、协助各种教学活动，督促、鼓励学生在活泼的互动关系中积极学习。因此其首要旨趣在于鼓励学生参与和提问、欣赏学生的独特视角与观点、夸奖学生的成功，而不批评他们的任何不足。当然，这并非说不去按标准要求学生，而是说教师们旨在通过鼓励性支持而非惩罚性贬抑的方式帮助他们达到学习目标。

这样，在一些方向性的、灵活的教学目标（FEELS 中的 F）的引领下，"后九"在教学计划、教师团队、学员群体、师生角色、教学内容、教学场地、教学组织形式、教学活动与过程、教学反馈与评价等诸多方面都表现出开放性、即兴性和变化性。"后九"共同体的总体教学安排以及每一位教师个体的具体教学计划始终在随着各种具体情况的不断变化而调整、变化，几乎每一种新情况都可能得到考虑，每一个人都受到了尊重，每一个声音都得到了倾听。教师团队从人员构成到分工协作自始至终都处在即兴的变动和协商之中，不断创生出多样而和谐的旋律。学员群体的多样性和多元兴趣使得每一种观点都有可能得到共鸣，每一项教学内容都有可能引发精神的碰撞，产生意想不到的过程哲学思想火花，因此每一堂课，无论是白天的计划内教学，还是晚间师生自发的讲学与自由交流，都即兴创生了无数鲜活生动、各具自身价值的经验。师生，作为教学活动的参与者和学习者（FEELS 中的第一个 E），都全身心地投入到各种教与学的体验活动之中。作为同一教学共同体中的成员，师生们常常被分成小组进行讨论、增进了解、相互合作、互动共进。教师是这种互动式学习的支持者（FEELS 中的 S）和参与者。各位教师、各门课程的教学内容都围绕这些方向性的教学目标选取，都与学生的生活经验以及师生们在课堂教学情境和活动中即兴创生的新经验紧密相关并呼应这些经验而展开，各种知识都体现在课堂教学活动的参与者即师生的共同学习和相互学习活动中（FEELS 中的第二个 E），师生们作为完整的人参与于教学活动之中，在掌握、体现知识技能的同时即兴创造出新的知识，丰富自我，取得长进，愉悦身心，共同成长。学习的过程是一个学习者全身心地参与各种教学活动、融会贯通各种知识技能、与他者（教师、同学、教学内容、教学设施、教学场所、教学环境以及自己的身心）积极合作、活泼互动的、有机的、动态的关系性过程（FEELS 中的 L）。

"后九"始终以"学习者的参与性"为核心，不拘教学场所，师生们所到之处几乎无处不课堂：教室里、大厅中、电梯里、过道上、餐桌旁、大街上、客车里、田野中、山谷里、石峰上、寝室里、栈道上、鱼疗馆、瀑布畔、大排档、广场上；不拘教学组织形式：时而全班、时而大组、时而小组、时而配对、时而一对一、时而个人单独，无一不曾为共同体的教学做出过特有的贡献。"后九"的教学活动重视人的完整性，身心兼顾、灵活丰富、异彩纷呈：中外诗歌诵读，即兴编歌弹唱，过程哲学理论与应用讲解，课堂阅读并翻译过程哲学原著，课堂提问与解答，小组讨论深化理解，分组读书理解过程哲学原理，小组角色扮演演绎对过程哲学概念及原理的理解，课间齐练中华健身气功《八段锦》以放松大脑、缓解疲劳、拉伸筋骨、强身健体，野外郊游回归自然、欣赏自然之美，师生齐动手沿途捡垃圾清洁美化自然生态环境，各显身手、各露才艺、静观把脉、吹拉弹唱、吟诗舞扇、其乐融融……教与学的情况与效果亦在这些活动中或通过这些活动得到了即兴、及时的反馈与评价。

可见，师生们当下色彩缤纷的生活本身构成了"后九"教与学的真正主题。这里没有呆板的、需要学生去死记硬背的概念，不存在标准化或学科分裂问题，存在的是能够激起学生好奇、促使学生去探索的概念与观念（浪漫），是在体验中对所学知识的理解与把握，即在做中学（精确），是完整的人的在场：身与心同在、理智与感受呼应、多种智力协作，用过程哲学思想融合各科知识，将过程哲学思想结合进自己的生活，体验有机生态之美（综合）。可以说，在"后九"教与学的全过程中，师生们在不断地体验着怀特海教育节奏理论中的浪漫、精确、综合各阶段以及它们之间的交融与循环。在这样的交融与循环过程中，每一个师生个体的创造性和共同体整体的协同创造力得到了充分的激发和展现。由此我们可以说，"后九"真正走进了师生的生活，是一次体验FEELS假设的身心之旅。

三、一堂"翻转的""刑事技术—文件检验"课的教学

2014年9月18日上午10：10—11：50，星期四，我观察了一堂我院侦查专业一位青年教师实施的"刑事技术"课程的教学。他正在进行课堂教学改革试验，尝试在他教授的刑事技术课上进行"翻转课堂"教学。

（一）教学实况

1. 基本信息

课程名称：刑事技术。

教学条件：多媒体设备、课件、黑板、粉笔等。

教学环境：因观看视频的需要，教室的灯及窗帘均关闭，因此光线暗；后学生反映看不清，开了靠窗一侧的灯，光线有所提亮，基本可视。

2. 教学过程

课前：（1）提供应阅读的书目，布置课外阅读任务；（2）提供相关视屏，要求学生课外观看。

课上：（1）播放视频：学生观看视频，教师根据视频播放进展不时板书；（2）教师讲解：从视频中引出3个问题，介绍解决问题的思路，导出"今日"观点（教学重点），基于案例；（3）小组讨论：基于视频内容、教师讲解，结合案例；（4）各小组代表发言分享小组讨论结果；教师听+板书+点评（订正）各组观点；（5）教师归纳：概念、定义、原理，指导学习方法；（6）强化：问答（点学生起来回答问题，厘清学生对教学重、难点的理解），小组讨论与分享（加深对知识点的理解）；（7）下课铃响，下课。

课后：未留课后学习任务。

3. 课堂上的师生

教师：微笑、轻声细语、倾听、耐心、引导、尊重。

学生：参与、合作、互动。

4. 尚存的问题

（1）学生基本未完成教师课前布置的课外自主学习任务：未观看视频，没完成阅读任务；（2）下课前未布置课后自主学习任务。

(二) 教学的"翻转"性

所谓"翻转课堂"译自英文"Flipped Classroom"或"Inverted Classroom",也称"反转课堂式教学模式",是对传统教学模式的"反转"或"翻转"。传统的教学模式是老师在课堂上讲课,布置家庭作业,让学生回家练习。"翻转课堂"旨在重新调整课堂内外的时间,将学习的决定权从教师转移给学生:让学生先在课外完成知识的学习,将课堂变成老师与学生之间、学生与学生之间以及师生与教学内容之间互动的场所,包括答疑解惑、运用知识等。在这种教学模式下,教师不再占用课堂时间来播放视频或讲授信息,这些信息需要学生在课外自主学习,他们可以看视频讲座、听播客、阅读纸质书或电子书,还能在网络上与别的同学讨论,能在任何时候去查阅需要的材料。在宝贵的课堂时间内,师生可以更充分地共同研究问题、解决问题,学生能够更专注于主动、自主的基于项目的研习,从而获得更深层次的理解。教师也能有更多的时间与每个学生交流,更好地关注学生的个体性和个性化学习。在课外,学生自主规划学习内容、学习节奏、风格和呈现知识的方式,并通过实践获得更真实的学习体验。翻转课堂教学模式是大教育运动的一部分,它可与混合式学习、探究性学习以及其他教学方法和工具结合使用,旨在增强学生的参与度,使他们更加灵活、主动、愉悦地学习,取得满意的学习成效。

从这种意义上看,我观察的这堂课还并非严格意义上的"翻转课堂"教学。因为尽管老师方面具有"翻转"的想法、意愿和充分准备,学生方面却基本上尚未进入状态,未能完成课外的自主学习,包括观看老师提供的视频资料和阅读指定的阅读任务,致使教与学未能真正实现"翻转"。为了完成教学进度要求,老师不得不按照常规教学的方法,在课堂上安排时间播放视频,然后展开其他教学环节,完成教学任务。

(三)"FEELS"精神在场

尽管这堂课仍属常规的课堂教学,但从 FEELS 假设的视角来看,这堂课却相当"有情",充溢着 FEELS 精神。FEELS 假设强调教与学中人(师生)的个体体验性,旨在帮助一个人成为一个完整的人。完整的人指的是具有人性的、独特的、关系中的个人:一方面,世界上不存在两个完全相同的人,因此每一个人都是独特的;另一方面,世界上没有人是一座孤岛,因此每一个人都与其他人以及其生活环境有着千丝万缕的联系,都是有着各种关系的个体。FEELS 包括五个方面的内涵:目标的灵活性(F)、学习者的参与性(E)、知识的体现性(E)、关系性学习的活泼性(L)和教师的支持性(S)。在这堂课上,这五个方面都有所呈现,而教师的支持性尤为突出。

根据 FEELS 假设,课程应该是过程性的、强调经验者的个体经验的,课堂应该是一个动态的学习共同体,课程和教学的目标应该是灵活的,其中一些产生于教师与学生之间、学生与学生之间以及师生与文本之间活泼互动的关系性过程中,而非先于这种过程。课程不只是传递知识的工具,也是创造自我和文化的工具。就这次课而言,尽管其最终目标可以说是一定的,甚至是唯一的,是那些必须准确掌握的、不容含糊的文件检验概念、原理、规则、方法、手段,但其为实现这种目标而实施教学的过程以及每一阶段的教学目标则具有一种灵活变通的严密性,一直在根据教学的进程和学生的实际情况有目的地寻找不同的选择方案、关系和联系,寻找各种假设以及这些假设之间的协调通道,促使教学共同体(教师以及全班每一个学生)进行有意义的和转变性的对话。教师与学生之间、学生与学生之间和师生与教学内容之间的对话呈现为一种双向的过程,二者都有自己的声音,在这种对话中确定性和不确定性组合在一起,通往教学目标的过程充满了灵活性、变通性。

教学目标的这种灵活、变通性使学生能够在其现实水平与可能性之间进行探险，翩翩而舞①。在这一过程中，学生是文检学习实践的主体和参与者，参与到各种正在被探索的问题之中，添加进他们自己的经验、情感和解释性框架（Engagemeng of learners），不仅作为学习者在探究问题，而且作为在知、情、意等方面都参与其文检课程学习、参与其生活本身、与问题互动的生态的完整的人，在探索、在感受、在创造、在转化。学生们在这样的探究过程中渐渐明白：文检知识、技能就像一个家庭，共存于一个相互内在关联的系统中，有其结构和起点，体现于其执着的情感、鲜活的生命和丰富的学习生活实践中，成为其个体有意义的生活经验（Embodiedment of knowledge）。因此文检知识、技能的学习并非仅是与之无关的、毫无意义的、必须死记硬背的抽象理论，而是与其生活经验相关、体现于其生活经验之中的知识。这样的知识不仅涉及真理，而且涉及游戏性、复杂性和不确定性，因此学生在学习过程中感到困惑、遭遇困难是正常的，在学文检知识、练文检技能的过程中犯错误是难免的，甚至可能是创造性的、美丽的。就与知识的关系而言，学生成为文检方面新经验、新知识的积极的创造者和所学文检知识技能的灵活的运用者，成为学习策略和智慧的探寻者。

在这堂课上，教师的支持性尤为突出，主要表现在以下方面：首先，教师把学生视为身心一体的、完整的人，视为有血有肉、有思想有情感、有经验有历史、有未来可能性的鲜活的生命个体和生态整体。师生之间进行的是一种人与人之间的真实接触。其次，教师用创造性和耐心给予学生支持。呼唤与回应是一种师生交往的有效模式。在这堂课上，来自学生的呼唤引起了老师的关注、收到了老师的回应、得到了老师的同情、获得了老师的支持（Supportiveness of the teacher）。如课堂

---

① 翩翩而舞：学习文检知识、练习文检技能、探索学文检的智慧以及刑事技术文化中蕴含的智慧、经历创造性转化、学有所获。

上因观看视频的需要，教室的灯及窗帘均关闭，加上雨天阴暗，因此教室内光线昏暗；后来有学生反映看不清屏幕和黑板上的内容，教师马上开了靠窗一侧的灯，提亮了室内光线，改善了可视性。在得知学生没有观看布置的视频资料时，教师灵活地调整了教学计划，默默地播放了视频，一方面使教学得以有效进行，另一方面也让学生认识到观看所布置的视频的重要性，达到了无声胜有声的效果。当得知学生没有能够完成自主阅读任务时，教师没有直接批评、责怪学生，只是叹了一声"可惜"，然后针对这种情况强调了课外自主学习的重要性，并指导学生如何进行自主阅读：不是要死记硬背书本上的概念、定义、原理等知识，而是要在遇到案件时能运用书中的理论来思考、解决问题；读书是为了运用。第三，教师既熟谙学科专业知识体系，又尊重学生的现实性与有限性，在考虑教学任务的同时亦将学生的生活经验，即他们作为完整的人的智力、情感和实践等各个方面的体验和感受纳入其考虑范围之内，通过组织、指导、协助各种教学活动，督促、鼓励学生在活泼的互动中积极学习。在整堂课的教学过程中，师生彼此倾听，相互交流，如此呼唤、回应的互动持续不断。

不过，就这堂课而言，如果学生能够完成课外的自主学习，真正实现"翻转"，真正在学习过程中找到犹如舞蹈的浪漫感觉和乐趣，那么，课堂教学可能会实现更高的效率和更为美妙的创造性转化与和谐。因为根据FEELS假设，教师的支持性固然重要，但学习者的身心参与和积极作为才是教与学的决定因素。

04

结论篇

第五章

FEELS 假设是可能成立的

以上各章从理论与实践两方面的阐释可以说明：强调教学中经验者个体经验的 FEELS 假设是可能成立的。怀特海的过程哲学和多尔的后现代课程观分别从哲学和课程与教学理论的角度关照教学中经验者的个体经验及其自身价值，赋予 FEELS 假设以教育哲学价值和课程与教学理论意义。

一、FEELS 假设的合理性

FEELS 假设包括 F（目标的灵活性）、E（学习者的参与性）、E（知识的体现性）、L（关系性学习的活泼性）和 S（教师的支持性）等五个方面，但又不是这五个方面简单相加之和。从整体的角度看，FEELS 假设指教育事件中人的个体经验，关注师生的个体经验或感受及其在构建课程与教学理论中的核心价值。怀特海过程哲学中的个体经验观可以为 FEELS 假设中的个体经验的价值提供本体性内涵。多尔后现代课程观中的"经验的认识论"则使 FEELS 假设具备了重要的课程与教学理论及实践意义。派纳的教学自传研究方法主张在个体的教学生活经验中反思自我、探寻自我、确立自我，通过概念化以及概念的结构化，组织和解释教学中师生的个体经验。就本书的研究而言，即通过假设 FEELS（概念化）以及 F-E-E-L-S（概念的结构化），释放、组织、解释、解放师生的个体教学体验。

怀特海认为，应该摈弃为教育确定一种不现实的遥远目标①，因为目标指的是一种预设的可能性，可能性也许是教师开始上一门课程时心里所持有的教学目标，为实现目标采取的行动成为那些目标渐渐实现的过程，而目标的变化则是在努力实现目标的过程中不断产生的创造性转化。多尔用课程的"丰富性"概念帮助说明了目标发生变化的原因：课程具有丰富性，也就是说，课程可能具有不确定性、异常性、模糊性、不平衡性、耗散性等特点，因此教学目标的设定不应该是固定不变的，必须具有灵活性。派纳认为可以通过有意识地与自我和与别人一起工作（自我反思和对话协商），允许被冻结在无意识中的材料浮现出来，增进这种丰富性。如果教师与感兴趣的学生一起明智地、敏感地使用教学自传研究方法，便能够帮助融化理智的障碍物或僵化的区域，并允许思想解放运动②，使教学中个体的学生和教师及其经验获得解放。

具体而言，课堂是一个动态的教学共同体，教学不只是传递知识的过程，也是一种声音多元、多向的对话交流活动。教师为一堂课所设的目标可以随着课堂教学的进程而发生变化，其中一些产生于教师与学生之间、学生与学生之间和/或师生作为读者与文本之间的互动过程中，在其中，既存在确定的东西，也存在不确定的东西，确定性和不确定性组合在一起，使教学活动丰富多样。这种互动的多元性和多样性要求教学目标不能是预设在那里固定不变的，相反必须是灵活的。教学可以通过自我反思和对话协商使这种活泼互动的关系性过程不断地扩散下去，成为一个"没有人拥有真理而每个人都有权利要求被理解的迷人的想

---

① ［英］怀特海. 教育的目的［M］. 徐汝舟, 译. 北京: 生活·读书·新知三联书店, 2002: 35.
② ［美］威廉·派纳. 自传、政治与性别——1972—1992课程理论论文集［M］. 陈玉亭, 王红宇, 译. 北京: 教育科学出版社, 2007: 84—86.

像王国"①。教育的最佳境界发生在教与学的双方都是开放的、自由的，都在与他人活泼互动之时。这需要教师在教学中接纳多样性和差异性，但又不丧失自身的个性和整体性，成为教学中有爱的、支持的一方：倾听学生的声音、了解学生的需要、关心学生的感受、激发学生的兴趣、唤起学生的探险意识、鼓励学生挑战其想象、激励学生进行创造、引导学生享受学习与创造的自由和学有所得、学习成功的喜悦。在这样的教学过程中，知识不仅涉及真理，而且涉及游戏性、矛盾性、复杂性和不确定性，是在对话和协商中产生的有意义的生活经验，体现在学习者的学习和生活中，因为教育"只有一个主题，那就是五彩缤纷的生活"②。学习者不是预设的、给定的知识的被动接受机器或"旁观者"③，而是新经验、新知识的创造者和所学知识的灵活运用者，是全身心参与教学和生活本身、与情境互动的完整的人。而且，"学习者的参与性"在FEELS假设中处于核心地位，其他各方面均旨在帮助和支持学习者真正参与到活泼互动的关系性学习过程中，在教与学的关系中根据具体情况和需要，灵活调整学习目标，使各种知识、技能充分体现在学习者的经验与感受中，从而丰富其经验、愉悦其身心、增长其智慧。各方面的合力可以将师生引向丰富、愉悦的教与学之旅。

二、FEELS 假设的创新性

FEELS 假设的创新性表现在以下四个方面：观点视角新、理论依据新、研究方法新、支撑材料新。

---

① [美] 小威廉姆·E. 多尔. 后现代课程观 [M]. 王红宇, 译. 北京：教育科学出版社, 2004：219.
② [英] 怀特海. 教育的目的 [M]. 徐汝舟, 译. 北京：生活·读书·新知三联书店, 2002：12.
③ [美] 小威廉姆·E. 多尔. 后现代课程观 [M]. 王红宇, 译. 北京：教育科学出版社, 2004：200.

在追求量化研究的我国英语课程与教学研究的大背景下，FEELS假设从个体经验者"我"的视角出发，关注特定的教学情境和事件中师生的个体经验，诚实地展现我国英语课程与教学的现实图景；所描述的个体经验具有直接性和亲历性，均是个体体验者"我"亲身经历、感受、观察、思考的英语教与学中的情境和事件，以此彰显经验者及其个体经验的自身价值和教育意义。支持FEELS假设的理论基础包括怀特海的过程哲学，尤其是其经验观和教育哲学观，多尔的后现代课程理论中的"经验的认识论"等理论。这些理论分别从哲学和课程理论的角度关照经验者的个体经验及其自身价值，为本书关于英语课程与教学中经验者的个体经验的研究提供了系统的、不同层面的理论基础。派纳的教学自传研究方法为本书的研究提供了适切的研究方法论支持。书中所涉及的大多数材料都具有原始性、新颖性和一手性。

三、FEELS假设的适用性

当然，任何理论假设的提出都离不开研究者的生活实际。FEELS假设的提出直接来源于"我"自己的现实生活——"我"对英语课程的教与学中个体经验的感受、关注与思考。因此，FEELS假设可以帮助英语学习者和教师在学与教英语的探险旅程中体验各种感受，遭遇各种挑战与新异；可以帮助教与学中的师生理解和阐释教与学英语的身心之旅的意义，从而从英语的教与学这两个侧面来描述和阐释个体经验。这样，FEELS假设可以帮助师生追求这样一种英语课程与教学：同情经验者的个体经验，关注他者和他异性，欣赏和追求英语教育中师生身心发展的完整性。本书第三、四章对英语的学与教以及另外几个教学案例的个体经验的教学自传性研究显示，FEELS假设在教与学的研究实践中具有适用性。

第三章从各级学校对学生群体的英语教育、英语在社会上以及人们心目中的位置以及个体学习者的英语学习等不同角度，采用不同的研究方法，对国人学与教英语的情况进行了描述、分析和解释。学校英语课程与教学的高投入低成效以及英语在社会上既似乎无所不在又几乎无处可寻的尴尬现实无言地说明了"无人"、"无情"的英语教育的失败，这可以从反面证明 FEELS 假设主张的培养完整的人的基本教育观念的人本性和正确性。佳佳在学校上了九年英语课，但却感觉几乎仅学会了26个字母，因此一想到英语就头痛；而在仅近两个月的一对一的英语辅导教学中，她便不断地发生创造性的转化，不断改变着对英语和英语学习的感受和态度，将令她头痛的英语学习变成了令她兴奋和渴望的探险和舞蹈！这一前后效果悬殊的个体学习者的英语学习故事既诠释了"无人"的英语教育的"低效"、"无情"和"无趣"，又彰显了"重人"的英语教育的"有趣"、"有情"和"高效"，从而从正反两个方面印证了 FEELS 假设的教育价值。

第四章阐释了 FEELS 假设在世界过程哲学思想领域的地位和影响，并通过另外三则践行 FEELS 假设的教学实例分析显示了 FEELS 假设具有更为广泛、一般的适用性：不仅可体现于我国英语的教与学中，也可适用于其他国家或地区不同学科的课程与教学中。

四、FEELS 假设的应用前景

（一）师生：陌生者隐喻

从 FEELS 假设的视角来看，师生都是带着自己未被认识到的新颖性[①]相互面对的陌生者。在师生教与学的旅程中，对双方来说具有陌生者意识、带有陌生性并成为自己和相互的陌生者都很重要。这种陌生性

---

① "新颖性"指看自己、他人、事物和世界的新的、陌生的、不同的方式，以及思考自己、他人、事物及世界的新的、陌生的、不同的视角。

部分在于他们不了解、不熟悉每个人各自带进课堂的主观世界，部分在于他们不知道自己的教育过程会在哪里结束。师生陌生者的隐喻允许学生坦诚地展现真实的自我、表达真情实感，要求教师扮演好呵护者和支持者的角色，更注意地去倾听学生的声音，更投入地去观察他们的眼神，更深刻地去看待他们的心灵，以使每一个学生的新颖性都能被肯定、被导出。

如果教师都能带着陌生者意识对其学生睁开眼睛、张开耳朵、敞开心扉，如玛利亚对7个孩子所做的那样，如我的父亲、金老师、麦克丹尼尔教授对其学生所做的那样，如"中美对话课程"教师团队对其学生所做的那样，如我对佳佳所做的那样，那么，活泼的学生就能教会教师许多东西，不仅有关学生而且有关新的理解和诠释生活的方式[①]。没有陌生者意识，认识不到自己或相互的陌生性和新颖性，就有可能不自觉地构筑起并受困于一个封闭的自我世界，沉迷于眼前的满足，无视自我以外的任何他者，最终迷失自我。因封闭自我、缺乏他者意识、无视陌生性和新颖性所招致的自我迷失与教育失败的惨痛例子不一而足，如电影《音乐之声》中冯特拉普家的7个孩子对家庭女教师们的恶意作弄与排斥给整个家庭造成的困扰，如佳佳沉溺于生活中的不幸无法集中精力于学习而导致的学习低效与失败，如应试教育中师生们无奈的照本宣科、死记硬背所造成的沉闷的教学情境和高分低能等畸形教育结果，等等。

因此，FEELS假设呼唤课程教与学中的师生陌生者和陌生性，主张对新颖性保持开放。教学中活生生的师生个人绝不能被简化、还原为他们关于自己和相互的某种成见或固定不变的形象。在教与学的互动过

[①] WANG H Y. The Call from the Stranger on a Journey Home—Curriculum in a Third Space [M]. New York: Peter Lang Publishing, 2004: 162.

程中，他们可能会变成自己或相互的陌生者，参与于教与学的过程之中，共同摸索、探险，一起成长、分享，不仅分享知识、思想，也分享其生活。分享是一种内心感受，一种为了遇见他者或陌生者而同时到达内部和外部的过程①，一种教师或学生自己的同时既向内又向外运动的教育旅程②。

（二）旅行：获取关系性力量

生活是一种经验，一种人生历程，一种旅程，在时间中发生，与时偕进。在生活中，因为每一个时刻都转瞬即逝，我们"总是在消失"③；因为新的时刻在不断出现，我们也总是在开始一种"进入新颖性的创造性进展"④的旅程。"旅程"是一种体验的过程，体验一个人自己的既向内又向外旅行的经验，使自己具备一种关系性力量⑤。要具备这种既向内又向外的关系性力量，一个人必须跨越地理的、社会的、个人的、知识的、语言的、文化的边界，去旅行⑥。在课程的教与学中，要深入到一个人的内在深处，跨越的主题至关重要，因此教与学作为一种

---

① WANG H Y. The Call from the Stranger on a Journey Home—Curriculum in a Third Space [M]. New York：Peter Lang Publishing，2004：157.
② WANG H Y. The Call from the Stranger on a Journey Home—Curriculum in a Third Space [M]. New York：Peter Lang Publishing，2004：153.
③ WHITEHEAD A N. Process and Reality (Corrected Edition) [M]. New York：The Free Press，1978：29.
④ WHITEHEAD A N. Process and Reality (Corrected Edition) [M]. New York：The Free Press，1978：349.
⑤ 关系性力量：积极主动地向周围的世界开放并接受其影响的能力；从已吸收的东西中创造自己的能力；通过首先受其影响转而影响周围的人的能力（C. Robert Mesle. *Process-Relational Philosophy-An Introduction to Alfred North Whitehead* [M]. West Conshohocken, Pennsylvania：Templeton Foundation Press. 2008：73. 该书为英文原著，引号中的内容是我根据其中的一段原文翻译的。)
⑥ WANG H Y. The Call from the Stranger on a Journey Home—Curriculum in a Third Space [M]. New York：Peter Lang Publishing，2004：x.

文化之旅通常是关系性的、跨文化的①。对于涉及不同语言和文化的我国英语课程的师生及其英语教与学的活动来说，这种跨文化性表现得尤其明显，其影响也尤其重大。

当然，旅程可能是单调的、往返重复的，也可能是探险的、令人兴奋的。以我国的许多英语学习者为例，由于他们学英语并非出于自愿选择，而是被强制的，是被逼无奈的，因此机械的单调性和重复性在其英语学习中占主导地位。他们不情愿全身心地参与到其英语学习之中去，体验不到英语学习是一种会生发舞蹈的探险活动。我很幸运，自主选择了与英语为伴，身心俱在地参与到令我快乐令我痛、让我欢笑让我忧的学与教英语的探险旅程中，一路舞蹈②着探索于学与教英语的身心之旅中。

（三）开放的视野，无尽的旅程

这里"舞蹈"指英语课程与教学的开放性、感受性、探索性、想象性、即兴性、探险性、灵活性的一面。任何教学活动都应该是开放的，既尊重学生的主体性，又认可教师的成长潜能与探索；在其中，教师必须同情学生，用可能不同但肯定充满爱的方式与学生同行、伴学生探险、助学生成长，让学生自由地去探索、去质疑、去创造③、去体验他们自己的身心之旅。

对开放性和舞蹈性的欣赏与追求使我的英语教学研究之路越走越宽

---

① WANG H Y. The Call from the Stranger on a Journey Home—Curriculum in a Third Space [M]. New York：Peter Lang Publishing，2004：170.

② WANG H Y. The Call from the Stranger on a Journey Home—Curriculum in a Third Space [M]. New York：Peter Lang Publishing，2004：178. 教与学实际上是一个充满舞蹈性的世界：在这一文化活动中充满着有待探索的可能性，对可能性的探索就是在舞蹈，也有其主观的、情感的、故事的、自传的一面，这一面使我们可以把生活本身体验为一种个人的、丰富的、令人兴奋的经验。

③ WANG H Y. The Call from the Stranger on a Journey Home—Curriculum in a Third Space. New York：Peter Lang Publishing，2004：10.

广。开放的心态使我不能安于任何现状，常感受困①。摆脱困境的需要驱使我不断闯入新的、陌生的领域，广泛涉猎不同学科领域的知识，进行跨学科阅读。如此阅读不仅拓宽了知识面、丰富了知识，更激活了思想，扩展了视野，使我得以跳出井底，学会从更高、更深、更远的角度反思学与教英语的个体经验，寻找这种经验与各种理论之间的联系，并突破感性的局限，从理性的角度将英语课程与教学中师生学与教的个体经验抽象出来，概念化为 FEELS 假设。

舞蹈的脚步，伴着"FEELS"乐曲，带着我不断步入新的、奇妙的视界。在美国电影《音乐之声》中，我领略到的不仅是曲折动人的故事情节、余音萦绕的美妙旋律、优美的自然景色与异域风光、剧中人物激越的爱国情怀、演员质朴精湛的演绎，更以一种别样的洞见听出了这曲"音乐之声"的弦外之音——其中表现出和蕴含着的丰富的、有机的教学思想意蕴。在教佳佳学英语时，我带着一颗同情、理解、欣赏之心，同情其生活遭遇、理解其特殊困难与好恶情感、尊重其个性和学习需求、欣赏其别样才华——能歌善舞，从而走进了其内心深处，引导她逐渐步入英语语言文化之林，帮助她学会探险于其英语学习之旅、与英语共舞。参与"中美对话课程"则使我学与教英语的个体经验插上"FEELS"之翅，飞越大洋、跨越国界，舞入美国的大学，舞进其课程，舞上其讲台。

---

① 常感受困：如当我作为英语专业的大学生却不能开口用英语与人交流时，当我因乏于词汇量而难以如期完成学习任务时，当我在语法上遭遇高原困境而不得英语语言要旨因而无法高效学习、如愿进步时，当我初为人师机械模仿传统教法而遭遇全盘否定时，当我认识到自己的局限想要改变但却不知所措时，当我获得 CLTA 的指引想要在教学实践中改革创新时，当我在教学改革实验中有感想发但却不知如何提炼时，当我想要学习教育理论以进一步提高教学研究能力却不知何去何从时，当我撞到课程与教学论学科的大门口需要引导时，当我第一次听完两节教育学原理课感觉云里雾里时，当我阅读中外哲学及方法论著作而不得要领时，当我想要构建一种强调教学中师生个体体验的教学方法理论但脑子里却一团乱麻时……

学无止处，教无尽头！

心中，FEELS 旋律仍在欢歌；脚下，教与学之路尤在蜿蜒、延展……

参考文献

1. APPLEBEE A N. Tradition and Reform in the Teaching of English: A History [M]. Urbana, Ill. : National Council of Teachers of English, 1974.

2. BREEN M, CANDLIN C N. The essentials of a communicative curriculum in language teaching [J]. Applied Linguistics, 1980, 1 (2).

3. MULLER K. The Foreign Language Syllabus and Communicative Approaches to Teaching: Proceedings of a European–American Seminar [J]. Special issue of Studies in Second Language Acquisition, 1980, 3 (1).

4. CANALE M, SWAIN M. Theoretical bases of communicative approaches to second language teaching and testing [J]. Applied Linguistics, 1980, 1 (1).

5. CHOMSKY N. Syntactic Structures [M]. The Hague: Mouton, 1957.

6. ELLIS C. The Ethnographic I: A Methodological Novel about Autoethnography [M]. Walnut Creek: AltaMira Press, 2004.

7. HALLIDAY M A K. Language structure and language function [M] //LYONS J. New Horizons in Linguistics . Harmondsworth: Penguin,

1970.

8. HILGARD E R, BOWER G H. Theories of Learning [M]. New York: Appleton-Century-Crofts, 1966.

9. HOWATT A P R. A History of English Language Teaching [M]. Oxford: Orford University Press, 1984.

10. HYMES D. On communicative competence [M] //PRIDE J B, HOLMES J. Sociolinguistics. Harmondsworth: Penguin, 1972.

11. JOHNSON K. Communicative Syllabus Design and Methodology [M]. Oxford: Pergamon, 1982.

12. JOHNSON K. Skill psychology and communicative methodology [D]. Paper presented at the RELC seminar, Singapore. 1984.

13. JOHNSON K, JOHNSON H. Communicative methodology [M] // JOHNSON K, JOHNSON H. Encyclopedic Dictionary of Applied Linguistics. Oxford: Blackwell, 1998.

14. KRASHEN S. Second Language Acquisition and Second Language Learning [M]. Oxford: Pergamon, 1981.

15. LITTLEWOOD W. Communicative Language Teaching [M]. Cambridge: Cambridge University Press, 1984.

16. LITTLEWOOD W. Foreign and Second Language Learning: Language Acquisition Research and Its Implications for the Classroom [M]. Cambridge: Cambridge University Press, 1981.

17. MESLE C R. Process-Relational Philosophy: An Introduction to Alfred North Whitehead [M]. West Conshohocken, Pennsylvania: Templeton Foundation Press, 2008.

18. MUNBY J. Communicative Syllabus Design [M]. Cambridge: Cam-

bridge University Press, 1978.

19. NEULIEP J. Intercultural Communication: A Contextual Approach [M]. London: Sage Publications, 2006.

20. PERL S, SCHWARTZ M. Writing True: The Art and Craft of Creative Nonfiction [M]. Boston: Houghton Mifflin, 2006.

21. PIEPHO H E. Establishing objectives in the teaching of English [M] //CANDLIN C. The Communicative Teaching of English: Principles and an Exercise Typology. London: Longman, 1981.

22. PINAR W F. Autobiography, Politics and Sexuality [M]. New York: Peter Lang, 1994.

23. PRABHU N S. Second Language Pedagogy [M]. Oxford: Orford University Press, 1987.

24. RICHARDS J C, ROGERS T S. Approaches and Methods in Language Teaching [M]. Sec ed. Beijing: Foreign Language Teaching and Research Press, 2008.

25. SAVIGNON S. Communicative Competence: Theory and Classroom Practice [M]. Reading, Mass. : Addison-Wesley, 1983.

26. WANG H Y. The Call from the Stranger on a Journey Home - Curriculum in a Third Space [M]. New York: Peter Lang Publishing, 2004.

27. WIDDOWSON H G. Teaching Language as Communication [M]. Oxford: Oxford University Press, 1978.

28. WHITEHEAD A N. Process and Reality [M]. Corrected ed. New York: The Free Press, 1978.

29. WILKINS D A. Notional Syllabuses [M]. Oxford: Oxford University Press, 1976.

30. WILKINS D A. The linguistics and situational content of the common core in a unit/credit system［M］. Strasbourg：Council of Europe，1972.

31. XIE B X.，MCDANIEL J. Education in Service to Beauty：Pedagogy in Process Perspective［M］//MCDANIEL J, FARMER P A. Replanting Ourselves in Beauty：Toward an Ecological Civilization. Anoka, Minnesota：Process Century Press, 2015.

32. YALDEN J. The Communicative Syllabus：Evolution，Design and Implementation［M］. Oxford：Pergamon，1983.

33. 西蒙娜·德·波伏娃. 第二性［M］. 陶铁柱，译. 北京：中国书籍出版社，1998.

34. 部铁军，郑守疆，谢邦秀，等. 新版《大学英语精读》重点难点解析与同步训练④［M］. 大连：辽宁师范大学出版社，1998.

35. 蔡基刚. 大学英语教学：回顾、反思和研究［M］. 上海：上海外语教育出版社，2006.

36. 陈仲利，杨同福. 大学外语教学与研究［M］. 北京：清华大学出版社，1997.

37. 大学文理科英语教学大纲修订组. 大学英语教学大纲（文理科本科用）［M］. 上海：上海外语教育出版社，1986.

38. 董亚芬. 大学英语（第一版）［M］. 上海：上海外语教育出版社，1986.

39. ［美］小威廉姆·E. 多尔. 后现代课程观［M］. 王红宇，译. 北京：教育科学出版社，2004.

40. ［美］大卫·格里芬. 后现代精神［M］. 马季方，译. 北京：中央编译出版社，1998.

41. 胡春洞. 英语教学法［M］. 北京：高等教育出版社，2000.

42. [美]罗伯特·怀斯.音乐之声 [Z].1965年20世纪福克斯公司拍摄.长春电影制片厂银声音像出版社.ISRC CN-D16-03-0005-0/V.J9.

43. [英]怀特海.教育的目的 [M].徐汝舟,译.北京:生活·读书·新知三联书店,2002.

44. 黄滨.浅析《大学英语教学大纲》(1999年修订本)对学生的要求 [J].湖北中医学院学报,2002 (3).

45. 蒋玉梅.大学英语女教师的职业生涯发展研究 [D].南京:南京大学,2011.

46. 教育部高等教育司.大学英语教学要求(试行)[M].北京:高等教育出版社,2004.

47. 教育部.大学英语课程教学要求 [EB/OL].中国新闻网,2007-09-26.

48. 李良佑.中国英语教学史 [M].上海:上海外语教育出版社,1988:542.

49. 李银河.女性主义 [M].济南:山东人民出版社,2005.

50. 刘春阳,赵雯.大学英语教学研究文献综述 [J].中国冶金教育,2011 (6).

51. 刘润清,戴曼纯.中国高校外语教学改革现状与发展策略研究 [M].北京:外语教学与研究出版社,2003.

52. [美]杰伊·麦克丹尼尔.为完整的人和繁荣的社会而进行的教育:有机教育理论与实践 [EB/OL].谢邦秀,译.广州铭德教育网站,2014-06-04.

53. [美]威廉·派纳.自传、政治与性别——1972—1992课程理论论文集 [M].陈玉亭,王红宇,译.北京:教育科学出版社,2007.

54. 彭聘龄. 普通心理学（修订版）[M]. 北京：北京师范大学出版社，2004.

55. 汪榕培，王之江. 英语词汇学高级教程读本 [M]. 上海：上海外语教育出版社，2006.

56. 王寰. 对改革大学俄文教学的意见 [J]. 俄文教学，1953（3）. 转引自蒋玉梅. 大学英语女教师职业生涯发展研究 [D]. 南京：南京大学，2011.

57. 王静. 中国大学英语教学研究近况及展望——对十种外语类核心期刊近年（2000年—2009年）的统计归类分析 [J]. 语文学刊（外语教育教学），2009（11）.

58. 王仕宗. 求是的精神 客观的评述——《大学英语教学：回顾、反思和研究》书介 [J]. 遵义师范学院学报，2009（2）.

59. 王治河，樊美筠. 第二次启蒙 [M]. 北京：北京大学出版社，2011.

60. 夏纪梅. 大学英语教师的外语教育观念、知识、能力、科研现状与进修情况调查结果报告 [J]. 外语界，2002（5）.

61. 谢邦秀. 大学英语界教学理论和教学方法研究成果评介 [J]. 课程·教材·教法，2002（2）.

62. 谢邦秀. "FEELS"：一种建设性后现代的课程理念 [J]. 广西师范大学学报（哲学社会科学版），2012（3）.

63. 谢邦秀. "基础教育英语课程的教与学"研究报告——基于对湖北省公安县中小学英语课程教学情况的调查 [R]. 黑龙江省普通高等学校人文社会科学重点研究基地基础教育课程与教学研究中心研究项目（基地JY200901001），2009-2010.

64. 谢邦秀. 英语在今日中国之反思——一个怀特海过程哲学视角

[Z]. 世界文化论坛. 美国克莱蒙, 2011.

65. 谢邦秀. 中国大学英语教学：历程、现状与取向 [D]. 哈尔滨：哈尔滨师范大学, 2000.

66. 谢邦秀. 中国大学英语教学的研究现状概述. [J] 外语与外语教学, 2000（12）：36-37.

67. [中] 谢邦秀, [美] 麦克丹尼尔 J. 呼唤与回应：一种生命历程——学英语、教英语 [M]. 北京：化学工业出版社, 2016.

68. 杨忠, 张邵杰, 谢江巍. 大学英语教师的科研现状与问题分析 [J]. 外语教学, 2001, 22（6）.

69. 张同冰, 丁俊华. 中国外语教育发展史回顾（六）——第五章 新中国外语教育的发展过程 [J]. 基础教育外语教学研究, 2002（6）.

70. 张华. 经验课程研究 [D]. 上海：华东师范大学, 1998.

71. 张正东. 张正东英语教育自选集 [M]. 北京：外语教学与研究出版社, 2007.

72. 赵露. 大学英语教学改革与研究综述 [J]. 黄山学院学报, 2010（4）.

73. 郑辉. 大学外语教师科研与动机 [J]. 教育科学, 2011（1）.

后　记

　　这个有机的、关系的世界真是奇妙！读书、教书，这两项看似人生不同阶段的接力性任务在我的人生中叠成了一个你中有我、我中有你的生态整体和互为支撑的关系性过程，多变成了一。

　　虽已年逾半百，我却依然漫步于学与教英语之路，感受FEELS假设带来的激情与愉悦，静心体验、享受学习的过程。我的内心对这样的人生甘之如饴，更充满感恩！我感谢生活，感谢这个我生活于其中的奇妙世界，因为在我人生旅程的不同阶段，我都能有幸遇到如灯塔般指引我前行的良师益友，享有各种丰富的关系。他们以各自特有的方式，在我学与教英语的路上，在我徘徊和困惑于不同的十字路口之时，适时地把我引出迷途，引入新的世界，帮扶我一路前行。

　　就我研究、探索、撰写本书的这段旅程而言，我首先要感谢的是赵鹤龄教授。他引我步入教育理论的大门，耐心地指导我在其中探索；他敦促我敲响了过程哲学之门，使我得以走近过程哲学思想，近距离接触诸多国内外当代过程哲学思想家，更准确地理解过程哲学思想，特别是过程教育思想，并使之可以为我所用，为我理解、解释英语教与学中个体经验的价值找到哲学支持；他帮我建立了与后现代课程思想家之间的关联，使我得以找到支持我理解、解释英语教与学中个体经验及其价值的课程与教学理论和方法论。他想方设法促我深入思考过程哲学、后现代课程观和个体经验者学与教英语的个体经验之间的联系，使我得以将这种经验抽象出来，概念化为FEELS假设。没有他的严苛要求和倾力

≪ 后 记

支持，我的求索之路不可能走到这里。

  我感谢世界过程哲学思想共同体，尤其是其中的过程哲学思想家团队：小约翰·B. 柯布（John B. Cobb, Jr.）、王治河、樊美筠、杰伊·麦克丹尼尔（Jay McDaniel）、罗伯特·麦斯礼（Robert Mesle）、杨富斌、周邦宪、郭海鹏等。他们透过其说话的方式、轻柔的声音、温暖的笑容、专注的倾听、鼓励的眼神和善意的鞭策所身体力行的过程哲学思想理念令我感到轻松和舒服，让我感受到过程哲学思想对人性的关照。我初涉过程哲学首先触碰的是杨富斌博士翻译的怀特海的《过程与实在》，仿佛天书，许多地方看不懂！但书中对经验者的个体经验及其价值的强调像吸铁石一样强烈地吸引着我去深读、细究。见到杨富斌博士本人，现场聆听他解读过程哲学概念与思想、讲述他翻译《过程与实在》的过程，当面向他请教我感困惑的问题、感兴趣的观念，使我感觉天书慢慢飘落下来，在我心里播下了过程哲学思想之种。后来我又有幸认识周邦宪老师，读到他译的《过程与实在》，了解他默默翻译的心路历程，更感受到了过程哲学思想的魅力。杰伊·麦克丹尼尔博士对过程哲学概念和观念深入浅出的讲解助我渐解过程哲学思想要义；他从过程哲学视角对"参与性教育"（engaged education）的诠释，为我理解过程哲学思想与现实教育问题之间的关联提供了思路，使我感觉似乎在实际教育教学情境中为过程哲学思想找到了着陆点；他耐心倾听我学与教英语的人生故事，并从过程哲学视角给予的肯定、欣赏和回应使我明白我的这种个体经验具有其独特的教育价值乃至哲学意义，为我确定本书选题和 FEELS 假设、选择主要素材提供了重要助力。罗伯特·麦斯礼博士对关系性力量的阐释助我对过程哲学思想有了更进一步的理解，为我理解、解释英语课程与教学中的一些问题提供了哲学话语。心怀大爱但却平易朴实的小约翰·B. 柯布博士对 FEELS 假设的首肯和欣赏给了我强有力的支持和继续跋涉的动力。郭海鹏博士亦是在教育领域践行过程哲学思想的身体力行者，与他分享全人教育理念时的共鸣和共事于几期过程哲学暑期班的鲜活体验使我觉得我探索于过程教育领域之行并不孤单。而这一切都归因于两个人，两个将过程哲学思想及世界过程哲学思想大家们引入中国的架桥之人——王治河博士和樊美筠博士。没有他们为开创中国建设性后现代事业的执着和不遗余力，没有他们给予我的信任和机会，我便无缘结识这些过程哲学思想家并与他们合作共事，便不可能以我十分享受的方式深切理解过程哲学思想精髓。如此种种岂一个谢字了得？

我感谢后现代课程思想家小威廉姆·E. 多尔（William E. Doll）、威廉·F. 派纳（William F. Pinar）和王红宇。通过精读多尔的《后现代课程观》、派纳的《自传、政治与性别——1972—1992 课程理论论文集》和王红宇的 The Call from the Stranger on a Journey Home—Curriculum in a Third Space（《归途中的陌生者呼唤》），我为本书的 FEELS 假设找到了课程与教学理论支持，还为本书的研究找到了方法论支持和研究样例。整理、翻译赵鹤龄教授与他们之间的交谈、交流素材进一步缩短了我在理解其课程与教学思想时的心理距离；多尔本人对 FEELS 假设的充分肯定更是给了我坚持下去的莫大鼓励。

我感谢熊和平博士和景晓梅博士的勉力帮助和无私分享。感谢我工作的单位——湖北警官学院的领导、同事及学生不同形式的支持、理解、包容、分担与合作。缺其任一都会使我的研究更为艰辛，甚至无果而终。

我还要感谢任何时候都在我身后稳稳地、默默地、无条件地支持我前行的家人：我的父母谢育（已故）、杨晋燕（已故），丈夫杜东，女儿杜安娜，公婆杜兆贵、张瑞霞，姐妹谢立君、谢丽蓉、谢邦梅，夫妹杜伟、杜辉，夫弟杜良、杜军、杜勇，我的甥男侄女谢海康、谢汉康、李安康、叶孔龙、刘天石、杜宇辰、杜佳禧等。父亲谢育以一个教育者的智慧在我成长的关键时期把控了节奏和方向，使我得以在对的时候走向英语，走入我的英语人生，因而得以为本书的研究积累丰富的学与教英语的个体经验素材；他在身体极其衰弱的耄耋之年仍学习填词并坚持填词抒怀的精神是激励我不断学习的无言表率。女儿杜安娜是本书各章、各稿的第一读者和批评者，对本书的最终成稿起到了建设性的作用。侄女杜宇辰活学活用其专业技能，不厌其烦地为我设计、修改"FEELS 假设"图示。我所有的家人在生活中的勤劳、坚强、担当和相互帮扶都是对我无言的支持，使我得以无后顾之忧地往前走。

一为多所丰富：长江、汉江、松花江，三江琼浆渗入我血液；东湖、沙湖、知音湖，千湖清泓滋润我心田；亲情、友情、师生情，深厚情谊助我渡难关；经验、合生、可能性，身心体验创造性转化。对于我如此丰富的人生，萦绕于我心中的万般感受化为两个字：感恩！